짝꿍 단어로 익히는

저자 惠谷容子, 飯嶋美知子

시사일본어사

머리말

단어를 알아도 단어를 사용해 능숙하게 문장을 만들기가 매우 어렵다는 이야기를 일본어 학습자로부터 자주 듣습니다. 이 책은 그런 어려움을 해결하기 위한 하나의 방법으로, 짝을 이루는 말(콜로케이션, collocation)끼리 묶어 표현을 확장시켜 나갈 수 있도록 구성했습니다.

'콜로케이션'이란, 어떤 단어와 함께 자주 사용되는 표현이나 말의 조합을 뜻합니다. 언어는 단순히 단어가 가진 하나의 뜻만 알고 있다고 해서 능숙하게 조합해서 사용할 수 있는 것은 아닙니다.

예를 들어 '전화'라는 명사를 보더라도 우리는 누군가에게 전화할 때 **'전화를 건다'**고 합니다. 통화가 끝나면 **'전화를 끊는다'**, 누가 전화를 걸어오면 **'전화가 울린다'**고 말하는 것처럼 전화와 관련된 표현은 다양하게 있습니다.

이렇게 서로 잘 호응이 되는 표현을 알고 있으면 '전화'라는 명사를 사용해서 더욱 다양한 표현을 구사할 수 있게 됩니다. 하지만 사전을 찾아보는 것만으로는 다양한 쓰임새까지 알기는 어려우며, 교재에 담은 표현을 제공하는 데에도 한계가 있습니다.

따라서 이 책에는 짝을 이루는 다양한 말, 그 중에서도 '명사'를 중심으로 하여, 해당 명사와 일상에서 유용하게 쓰이는 기본적인 표현들을 정리해서 다양한 예문과 함께 수록했습니다. 초급 교재에 자주 나오는 기본 명사 중에서도 특히 많은 조합을 가지고 있는 단어를 뽑았습니다.

또한, 비유적이고 관용적인 표현이 아닌, **일본어능력시험**(JLPT)이나 **코퍼스**(copus, 말뭉치-언어 연구를 위해 텍스트를 컴퓨터가 읽을 수 있는 형태로 모아 놓은 언어 자료)를 참고하여 실용적인 표현을 엄선했습니다. 따라서 이 책은 초급 학습 단계부터 쉽게 사용하실 수 있습니다.

일상생활 속에서 '이 명사는 이럴 때 어떻게 사용하지?' 하는 궁금증이 들 때, 이 책을 펼쳐 한눈에 쉽게 확인할 수 있습니다. 아울러 일본어능력시험을 대비한 학습에도 도움이 될 수 있도록 만들었습니다. 이 책이 부디 여러분의 일본어 학습에 도움이 되길 바랍니다.

저자 일동

차례

- 머리말 — 3
- 책의 구성 및 사용법 — 8

① 의 — 10

- 옷 — 10
- 셔츠 — 10
- 바지 — 12
- 스커트 — 12
- 신발 — 12
- 모자 — 12
- 장갑 — 12
- 넥타이 — 14
- 반지 — 14
- 액세서리 — 14
- 안경 — 16
- 단추 — 16
- 우산 — 18
- 화장 — 18
- 확인문제 — 20

② 식 — 22

- 밥 — 22
- 식사 — 22
- 차 — 22
- 술 — 24
- 뜨거운 물 — 24
- 맛 — 26
- 냄새 — 26
- 물 — 28
- 불 — 28
- 확인문제 — 30

③ 주 — 32

- 방 — 32
- 문 — 32
- 열쇠 — 34
- 계단 — 34
- 목욕탕 — 36
- 화장실 — 36
- 전기 (1) — 38
- 스위치 — 38
- 에어컨 — 40
- 시계 — 40
- 전화 — 42
- 전기 (2) — 44
- 가스 — 44
- 수도 — 44
- 쓰레기 — 46
- 확인문제 — 48

④ 교통 — 50

- 차 / 자동차 — 50

- 택시 50
- 자전거 52
- 규칙 52
- 전철 54
- 길 56

확인문제 58

❺ 학교 60

- 학교 60
- 수업 62
- 책 64
- 공책 64
- 숙제 64
- 시험 / 테스트 66
- 문제 66
- 성적 68

확인문제 70

❻ 일 72

- 일 72
- 회사 74
- 급여 76

확인문제 78

❼ 돈 · 쇼핑 80

- 돈 (1) 80
- 가격 82
- 거스름돈 82
- 돈 (2) 84
- 저금 86

확인문제 88

❽ 정보 · 통신 90

- 컴퓨터 90
- 데이터 92
- 파일 94
- 인터넷 96
- 메일 98
- 휴대 전화 100
- 연락 102

확인문제 104

❾ 스케줄 106

- 계획 106
- 날짜 106
- 예정 (1) 108
- 예정 (2) 110
- 용무 110
- 사정 112
- 약속 114
- 취소 114
- 예약 114
- 쉬는 날 116

차례

- 시간 (1) — 118
- 마감 — 120
- 시간 (2) — 122
- 확인문제 — 124

⑩ 사람 · 교제 — 126

- 애인 — 126
- 남자 친구 — 126
- 여자 친구 — 126
- 파티 — 128
- 축하 (1) — 130
- 축하 (2) — 130
- 병문안 — 130
- 답례 (1) — 132
- 답례 (2) — 132
- 사과 — 132
- 거짓말 — 134
- 민폐 — 134
- 신세 — 134
- 확인문제 — 136

⑪ 취미 · 스포츠 — 138

- 음악 — 138
- 악기 — 138
- 피아노 — 140
- 기타 — 140
- 바이올린 — 140
- 북 — 140
- 드럼 — 140
- 피리 — 140
- 플루트 — 140
- 시합 — 142
- 티켓 — 142
- 여행 — 144
- 호텔 — 144
- 취미 — 146
- 흥미 — 146
- 확인문제 — 148

⑫ 날씨 — 150

- 날씨 — 150
- 비 — 150
- 하늘 — 152
- 구름 — 152
- 눈 — 154
- 바람 — 156
- 천둥 — 156
- 확인문제 — 158

⑬ 자연 · 재해 — 160

- 자연 — 160
- 태풍 — 162
- 지진 — 164
- 해일 — 166
- 홍수 — 166
- 확인문제 — 168

| ⑭ 몸 | 170 | ⑮ 병·건강 | 184 |

- 머리 170
- 목 170
- 목구멍 170
- 어깨 170
- 머리(카락) 172
- 눈 174
- 귀 174
- 코 174
- 입 176
- 치아 176
- 팔 178
- 손가락 178
- 손 178
- 배 180
- 다리·발 180

확인문제 182

- 감기 184
- 열 186
- 기침 186
- 부상 188
- 피 188
- 상처 190
- 화상 190
- 의사 192
- 주사 192
- 약 192

확인문제 194

- 색인 196
- 확인문제 정답 208

▶ 구성

1. 이 책은 '의(衣)', '식(食)', '주(住)' 등의 카테고리로 나뉘어져 있습니다.

2. 책의 왼쪽 페이지에는 키워드로 제시된 명사와 짝을 이루는 단어를 맵(map)으로 도식화하였습니다. 제시된 명사에 어떠한 짝이 되는 표현이 있는지 전체적인 이미지를 볼 수 있습니다. 또한 각 명사마다 일본어능력시험(JLPT) 레벨의 기준을 제시했습니다.

3. 책의 오른쪽 페이지에는 각각 짝이 되는 단어를 활용한 예문을 실어 실제 사용법을 익힐 수 있도록 하였습니다.

4. 각 과의 마지막에는 학습한 내용을 체크할 수 있는 〈확인문제〉가 있습니다.

▶ 사용법

① 책의 왼쪽 페이지에서 짝을 이루는 표현 전체를 맵(MAP)으로 확인합니다.

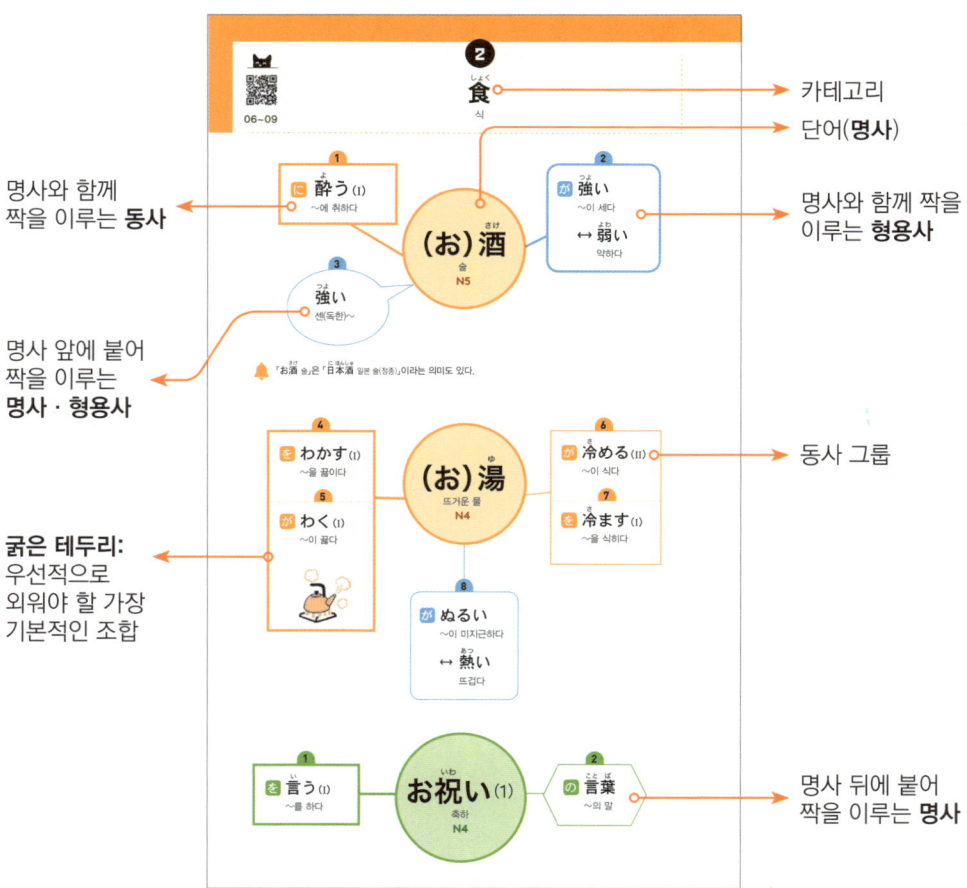

② 책의 오른쪽 페이지에서 예문을 통해 각각 짝을 이루는 표현의 사용법을 확인합니다.

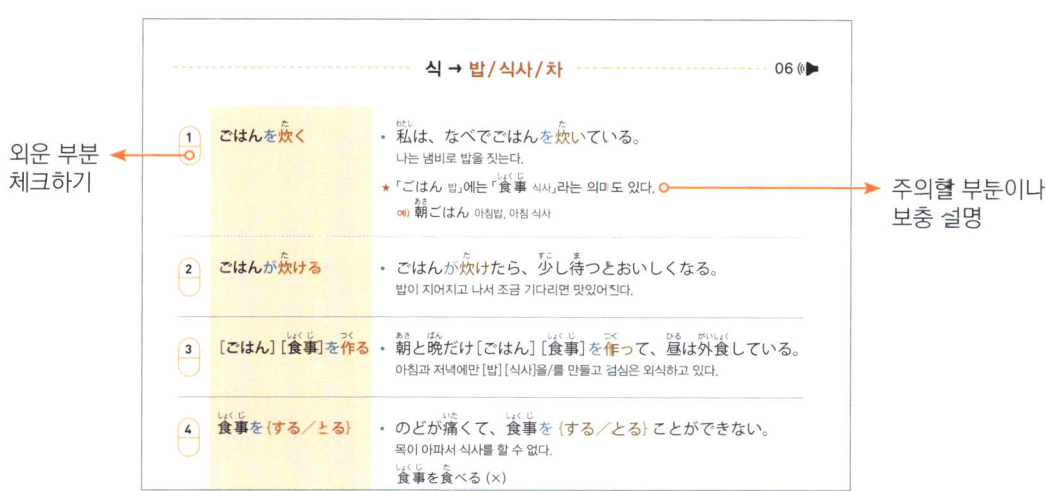

외운 부분 체크하기

주의할 부분이나 보충 설명

③ 〈확인문제〉에서는 해당 과에서 배운 표현을 제대로 익혔는지 확인합니다. 테스트 형식으로 되어 있어 짝을 이루는 표현을 정리·확인할 수 있을 뿐만 아니라 일본어능력시험(JLPT) 대비용으로도 사용할 수 있습니다.

▶ 범례

표시·기호	의미	예
[○○] [△△]	교체 가능한 말	[服] [シャツ] を着る
{車/自動車}	비슷한말(유의어)	{車/自動車} をぶつける
↔	반대말(반의어)	↔ 脱ぐ
(I) (II) (III)	동사 그룹	
N5, N4, N3, N2	일본어능력시험(JLPT) 레벨	
★	보충 설명	
🔊	음성	

전체 음성 듣기

1 衣
의

01~05

服 (ふく) 옷 / シャツ 셔츠 N5

1. を 着る(II) ~을/를 입다 ↔ 脱ぐ(I) 벗다

2. を 着替える(II) ~을/를 갈아입다

3. が 似合う(I) ~이/가 어울리다

4. を かける(II) ~을/를 걸다

5. が 大きい ~이/가 크다 ↔ 小さい 작다

6. が きつい ~이/가 꽉 끼다

7. が 派手だ ~이/가 화려하다 ↔ 地味だ 수수하다

🔔 3, 5~7은 옷, 셔츠뿐만 아니라 사이즈가 있어서 몸에 걸치는 물건 전부에 사용 가능하다.
(바지, 치마, 신발, 모자, 장갑, 안경 등)

의 → 옷/셔츠　　01

1	[服][シャツ]を着る ↔ 脱ぐ	• 新しい[服][シャツ]を着て、デートに出かけた。 새 [옷][셔츠]을/를 입고, 데이트하러 나갔다. • うちに帰ると、まず服を脱いでゆっくりする。 집에 오면 먼저 옷을 벗고 푹 쉰다.
2	[服][シャツ] を着替える	• 汗をかいたので、[服][シャツ]を着替えた。 땀을 흘려서 [옷][셔츠]을/를 갈아입었다. ★ 「～に着替える ~으로 갈아입다」라는 표현도 있다. 예) パジャマに着替えて寝る。 잠옷으로 갈아입고 자다.
3	[服][シャツ] が似合う	• 私は、黄色の[服][シャツ]が似合う。青は似合わない。 나는 노란색 [옷][셔츠]이/가 어울린다. 파란색은 어울리지 않는다. ★ 「～に似合う ~에게 어울리다」라는 표현도 있다. 예) この服は私によく似合う。 이 옷은 나에게 잘 어울린다.
4	[服][シャツ] をかける	• ハンガーに[服][シャツ]をかけた。 옷걸이에 [옷][셔츠]을/를 걸었다.
5	[服][シャツ] が大きい ↔ 小さい	• 買った[服][シャツ]が大きかったので、少し小さいのに代えてもらった。 구입한 [옷][셔츠]이/가 커서 조금 작은 것으로 바꿨다. • 子どもの背が伸びて、服が小さくなった。 아이의 키가 자라서 옷이 작아졌다.
6	[服][シャツ] がきつい	• 太ったので、[服][シャツ]がきつくなった。 살이 쪄서 [옷][셔츠]이/가 꽉 끼었다.
7	[服][シャツ] が派手だ ↔ 地味だ	• [服][シャツ]が派手すぎて、仕事に着て行けない。 [옷][셔츠]이/가 너무 화려해서 일하러 갈 때 입고 갈 수 없다. • パーティーに着て行く服が地味なので、きれいなアクセサリーをつけた。 파티에 입고 갈 옷이 수수해서 예쁜 액세서리를 달았다.

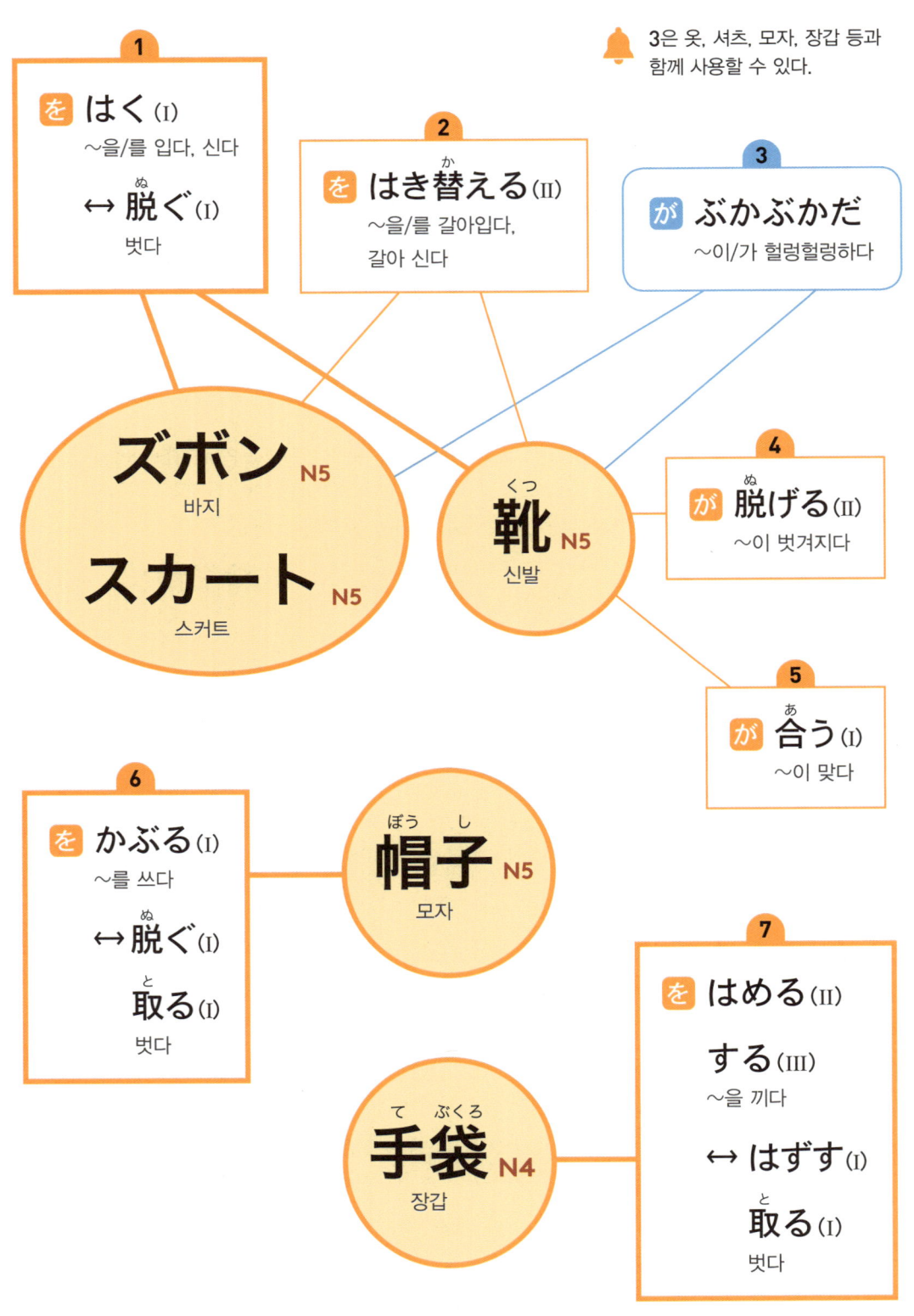

의 → 바지/스커트/신발/모자/장갑　　02

1	[ズボン][スカート] [靴]をはく ↔ 脱ぐ	• 今日は寒いから、暖かい[ズボン][スカート][靴]をはこう。 오늘은 추우니까 따뜻한 [바지] [치마] [신발]를/을 입자/신자. • 日本の家は、靴を脱いで入る。 일본 집은 신발을 벗고 들어간다.
2	[ズボン][スカート] [靴]をはき替える	• 汚れていたので、[ズボン][スカート][靴]をはき替えて出かけた。 더러워서 [바지] [치마] [신발]를/을 갈아입고/갈아 신고 나갔다. ★ 「～にはき替える ~으로 갈아 신다」라는 표현도 있다. 예) 汚れていたので、きれいな靴にはき替えた。 더러워서 깨끗한 구두로 갈아 신었다.
3	[ズボン][スカート] [靴]がぶかぶかだ	• やせたら、[ズボン][スカート]がぶかぶかになった。 살이 빠졌더니 [바지] [치마]가 헐렁해졌다. • 私の足のサイズは21㎝なので、23㎝の靴がぶかぶかだ。 내 발 사이즈가 210mm여서 230mm 신발이 헐렁헐렁하다.
4	靴が脱げる	• 走っていたら、靴が脱げてしまった。 달리다가 신발이 벗겨져 버렸다.
5	靴が合う	• 靴が合わなかったので、長い時間歩いて足が疲れた。 신발이 맞지 않아서 오래 걸었더니 발이 피곤해졌다.
6	帽子をかぶる ↔ {脱ぐ／取る}	• 夏に出かけるときは、いつも帽子をかぶる。 여름에 나갈 때는 항상 모자를 쓴다. • 帽子を{脱いで／取って}、先生にあいさつした。 모자를 벗고 선생님께 인사했다.
7	手袋を{はめる／する} ↔ {はずす／取る}	• 手が冷たいので、手袋を{はめ／し}て出かけた。 손이 시려서 장갑을 끼고 외출했다. • スマホを使うときは、手袋を{はずし／取っ}たほうがいい。 스마트폰을 사용할 때는 장갑을 벗는 것이 좋다.

ネクタイ
넥타이
N5

1
を しめる(II)
する(III)
つける(II)
~를 매다, 하다
↔ はずす(I)
풀다

2
を 結ぶ(むす)(I)
~를 묶다, 매다

3
が 曲がる(ま)(I)
~가 비뚤어지다

4
を 直す(なお)(I)
~를 고치다, 고쳐 매다

指輪(ゆびわ) N4
반지

5
を はめる(II)
つける(II)
する(III)
~를 끼다, 하다
↔ はずす(I)
빼다

6
が はまる(I)
~가 맞다

アクセサリー
액세서리
N4

7
を つける(II)
する(III)
~를 차다, 하다
↔ はずす(I)
빼다, 풀다

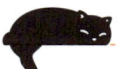

의 → 넥타이/반지/액세서리　　03

1	ネクタイを{しめる/する/つける} ↔ はずす	• 今日はネクタイを{しめ/し/つけ}て、会社に行った。 오늘은 넥타이를 매고/하고 회사에 갔다. • 首が苦しかったので、ネクタイをはずした。 목이 답답해서 넥타이를 풀었다.
2	ネクタイを結ぶ	• 息子は、ネクタイを結ぶのが下手だ。 아들은 넥타이를 매는 것이 서툴다.
3	ネクタイが曲がる	• ネクタイが曲がっていないかどうか、鏡でチェックした。 넥타이가 비뚤어지지 않았는지 거울로 확인했다.
4	ネクタイを直す	• 曲がったネクタイを直した。 비뚤어진 넥타이를 고쳐 맸다.
5	指輪を{はめる/つける/する} ↔ はずす	• 結婚している人の多くは、指輪を{はめ/つけ/し}ている。 결혼한 사람의 상당수는 반지를 끼고/하고 있다. • 料理をするときは、いつも指輪をはずす。 요리를 할 때는 항상 반지를 뺀다.
6	指輪がはまる	• 太ったせいで、昔買った指輪がはまらなくなってしまった。 살찐 탓에 예전에 산 반지가 맞지 않게 돼 버렸다.
7	アクセサリーを{つける/する} ↔ はずす	• 地味な服には、アクセサリーを{つける/する}といい。 수수한 옷에는 액세서리를 차면/하면 좋다. • 外から帰って、まず全部アクセサリーをはずした。 밖에서 돌아와서 우선 전부 액세서리를 뺐다.

めがね
안경
N5

1 を
- かける(II)
- する(III)
  ～을 쓰다, 끼다
- ↔ はずす(I)
  取る(I)
  벗다, 빼다

2 が
- 曇(くも)る(I)
  ～이 뿌옇다

ボタン
단추
N5

3 を
- かける(II)
- 留(と)める(II)
- はめる(II)
  ～를 잠그다, 채우다, 끼우다
- ↔ はずす(I)
  풀다

4 が
- はずれる(II)
  ～가 끌러지다

5 が
- 取(と)れる(II)
  ～가 떨어지다

의 → 안경/단추

1 めがね
を {かける／する}
↔ {はずす／取る}

- 目が悪いので、めがねを {かけ／し} なければ運転ができない。
  눈이 나빠서 안경을 쓰지/끼지 않으면 운전을 못 한다.
- めがねを {はずす／取る} のを忘れてお風呂に入ってしまった。
  안경을 벗는/빼는 것을 깜빡하고 목욕탕에 들어가 버렸다.

2 めがねが曇る

- ラーメンを食べていたら、湯気でめがねが曇った。
  라면을 먹고 있는데 김이 서려 안경이 뿌옇게 되었다.

3 ボタンを {かける／留める／はめる}
↔ はずす

- きちんとボタンを {かけ／留め／はめ} てシャツを着た。
  단정하게 단추를 잠그고/채우고/끼우고 셔츠를 입었다.
- ★ 「はめる」의 자동사는 「はまる(Ⅰ그룹)」
  예) おなかが出ていて、ズボンのボタンがはまらない。
  배가 나와서 바지 단추가 잠기지 않는다.
- 暑いので、上着のボタンをはずした。
  더워서 웃옷의 단추를 풀었다.

4 ボタンがはずれる

- ズボンのボタンがはずれているのに気づかなかった。
  바지 단추가 풀러져 있는 것을 알아차리지 못했다.

5 ボタンが取れる

- 糸が切れて、シャツのボタンが取れた。
  실이 끊어져서 셔츠 단추가 떨어졌다.

傘 (かさ) 우산 N5

1. を 差(さ)す (I) ～을 쓰다

2. を 開(ひら)く (I) ～을 펴다 ↔ 閉(と)じる (II) 접다

化粧 (けしょう) 화장 N3

3. を する (III) ～을 하다 ↔ 落(お)とす (I) 지우다

4. が 落(お)ちる (II) ～이 지워지다

5. が くずれる (II) ～이 뭉개지다

6. を 直(なお)す (I) ～을 고치다

7. が 濃(こ)い ～이 짙다 ↔ 薄(うす)い 옅다

의 → 우산 / 화장　　　　　　　　　　　05

1	傘を差す	雨が降ってきたので、傘を差した。 비가 오기 시작해서 우산을 썼다.
2	傘を開く ↔ 閉じる	傘売り場で、傘を開いて形や色を見た。 우산 매장에서 우산을 펴서 모양과 색깔을 봤다. 差していた傘を閉じて、バスに乗った。 쓰고 있던 우산을 접고 버스에 탔다.
3	化粧をする ↔ 落とす	私は、あまり化粧をしない。 나는 그다지 화장을 하지 않는다. うちに帰って、化粧を落としてから、顔を洗った。 집에 돌아와서 화장을 지우고 세수를 했다.
4	化粧が落ちる	時間が経って、ほとんど化粧が落ちてしまった。 시간이 지나서 거의 화장이 지워져 버렸다.
5	化粧がくずれる	汗をかくと、化粧がくずれやすくなる。 땀을 흘리면 화장이 쉽게 뭉개진다.
6	化粧を直す	化粧がくずれたので、会社のトイレで化粧を直した。 화장이 지워져서 회사 화장실에서 화장을 고쳤다.
7	化粧が濃い ↔ 薄い	パーティーに来た友だちは、いつもより化粧が濃かった。 파티에 온 친구는 평소보다 화장이 진했다. 彼女は、化粧が薄くても、とてもきれいだ。 그녀는 화장이 옅어도 매우 예쁘다.

衣

 확인문제

1 ( )에 오른쪽 말의 반대말을 넣으세요.

① シャツを　（　　　　　）　↔　脱ぐ
② ズボンを　（　　　　　）　↔　脱ぐ
③ 靴を　　　（　　　　　）　↔　脱ぐ
④ 帽子を　　（　　　　　）　↔　脱ぐ／取る

2 「～をする」의 형태로 쓸 수 있는 말을 모두 찾아 ○표 하세요.

手袋　めがね　指輪　アクセサリー　ネクタイ　ボタン　化粧　傘

3 함께 쓸 수 있는 말을 [ ]에서 모두 골라 ○표 하세요.

① ネクタイを　　[しめる　結ぶ　直す　開く　はずす]
② ボタンを　　　[はめる　留める　かける　開く　はずす]
③ 化粧を　　　　[直す　かける　くずす　はずす　落とす]
④ 傘を　　　　　[差す　開ける　開く　閉める　閉じる]

4 함께 쓸 수 있는 말을 [ ]에서 모두 골라 ○표 하세요. 또, 반대말도 고르세요.

① 手袋を　　　　[はめる　かける　しめる] ↔ [取る　はずす]
② めがねを　　　[つける　はめる　かける] ↔ [取る　はずす]
③ 指輪を　　　　[つける　はめる　かける] ↔ [脱ぐ　はずす]
④ アクセサリーを　[つける　はめる　かける] ↔ [脱ぐ　はずす]

5 { }에서 올바른 쪽을 골라 ○표 하세요.

① 友だちは、いつも明るくて{ 派手な　地味な }服を着ている。
② 靴が大きすぎて、{ ぶかぶか　ぴったり }だ。
③ 私は体が大きいので、Mサイズの服は{ 狭い　きつい }。

④ 妹は、{ 濃い　強い } 化粧が好きだ。
⑤ 汗をかいて化粧が { はずれた　くずれた }。

6 밑줄 친 부분이 맞으면 ○표를 하고 틀리면 알맞게 고쳐서 (　)에 넣으세요.
① 服をハンガーにかかった（→　　　　　）。
② 糸が切れて、ボタンが取った（→　　　　　）。
③ 走っていたら、靴が脱いで（→　　　　　）しまった。
④ 太って古い指輪がはまらなく（→　　　　　）なった。
⑤ 時間が経ったので、化粧が落として（→　　　　　）しまった。

7 ☐에서 단어를 골라 적당한 형태로 바꿔서 [　] 안에 넣으세요. 각 단어는 한 번밖에 고를 수 없습니다.

| きつい　　にあう　　かける　　はずれる |

店でスカートをはいてみた。あまり私に［①　　　］なかったので、別のスカートに変えてもらったら、色も形もとてもよかった。でも、今度はサイズが小さくて［②　　　］た。横のボタンを［③　　　］うとしても、どうしても［④　　　］てしまう。すてきなスカートだったが、店に返した。とても残念だった。

8 (　)에 들어갈 말은 무엇입니까? 1~4에서 가장 알맞은 것을 고르세요.
① (　) 靴をはいていると、足が疲れてくる。
　1 合わない　　2 似合わない　　3 止まらない　　4 はずれない
② ラーメンを食べていたら、湯気でめがねが（　）しまった。
　1 取れて　　2 閉じて　　3 曇って　　4 はまって
③ ネクタイが（　）いたので、鏡を見ながら直した。
　1 回って　　2 切れて　　3 変わって　　4 曲がって

2 食 식

06~09

1 を 炊(た)く (I) ～을 짓다

2 が 炊(た)ける (II) ～이 지어지다

3 を 作(つく)る (I) ～을/를 짓다, 만들다

4 を する (III) / とる (I) ～를 하다

ごはん 밥 **N5**

食事(しょくじ) 식사 **N4**

5 を 入(い)れる (II) ～를 타다

6 を つぐ (I) ～를 따르다

7 を 出(だ)す (I) ～를 내다

お茶(ちゃ) 차 **N5**

8 が 濃(こ)い ～가 진하다 ↔ 薄(うす)い 연하다

🔔 「お茶(ちゃ)」는 일본 차(녹차)만 지칭하는 경우와 다양한 종류의 차를 지칭하는 경우가 있다.

식 → 밥 / 식사 / 차

1 ごはんを炊く
- 私は、なべでごはんを炊いている。
  나는 냄비로 밥을 짓는다.
- ★ 「ごはん 밥」에는 「食事 식사」라는 의미도 있다.
  예) 朝ごはん 아침밥, 아침 식사

2 ごはんが炊ける
- ごはんが炊けたら、少し待つとおいしくなる。
  밥이 지어지고 나서 조금 기다리면 맛있어진다.

3 [ごはん] [食事]を作る
- 朝と晩だけ[ごはん] [食事]を作って、昼は外食している。
  아침과 저녁에만 [밥] [식사]을/를 만들고 점심은 외식하고 있다.

4 食事を{する／とる}
- のどが痛くて、食事を{する／とる}ことができない。
  목이 아파서 식사를 할 수 없다.
  食事を食べる (×)

5 お茶を入れる
- 仕事の休み時間に、お茶を入れて飲んだ。
  일하다가 쉬는 시간에 차를 타서 마셨다.
- ★ 「入れる 타다」는 「コーヒー 커피」 등에도 쓴다.

6 お茶をつぐ
- カップにもう1杯お茶をついで飲んだ。
  컵에 한 잔 더 차를 따라 마셨다.
- ★ 「つぐ 따르다」는 물, 술 등 여러 가지 음료에도 쓴다.

7 お茶を出す
- お客様にお茶を出した。
  손님에게 차를 냈다.
- ★ 「出す 내다」는 여러 가지 음료에도 쓴다. 또한 과자나 요리 등에도 쓸 수 있다.
  예) お客様に紅茶とケーキを出した。 손님에게 홍차와 케이크를 대접했다.

8 お茶が濃い ↔ 薄い
- お茶が濃くて、おいしい。
  차가 진하고 맛있다.
- お茶が薄くて、あまり味がない。
  차가 싱거워서 별로 맛이 없다.

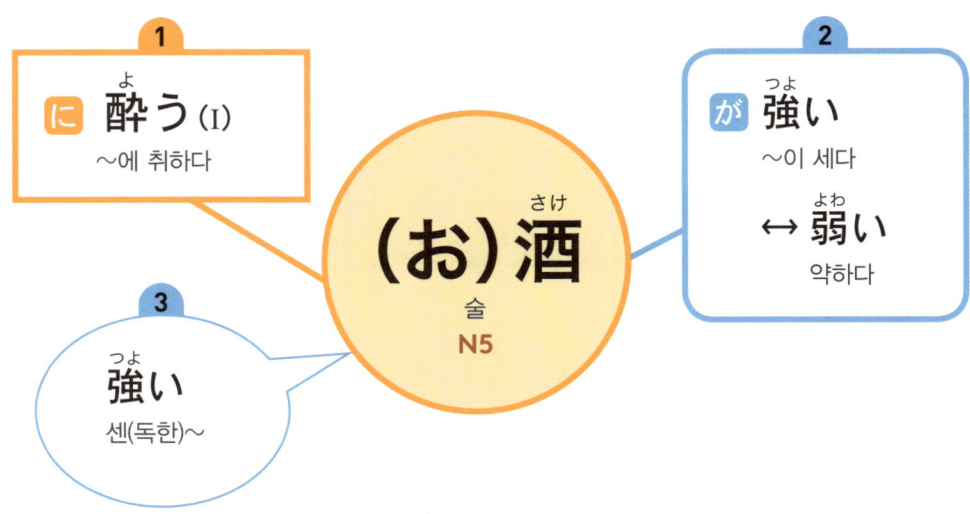

🔔 「お酒 술」은 「日本酒 일본 술(정종)」이라는 의미도 있다.

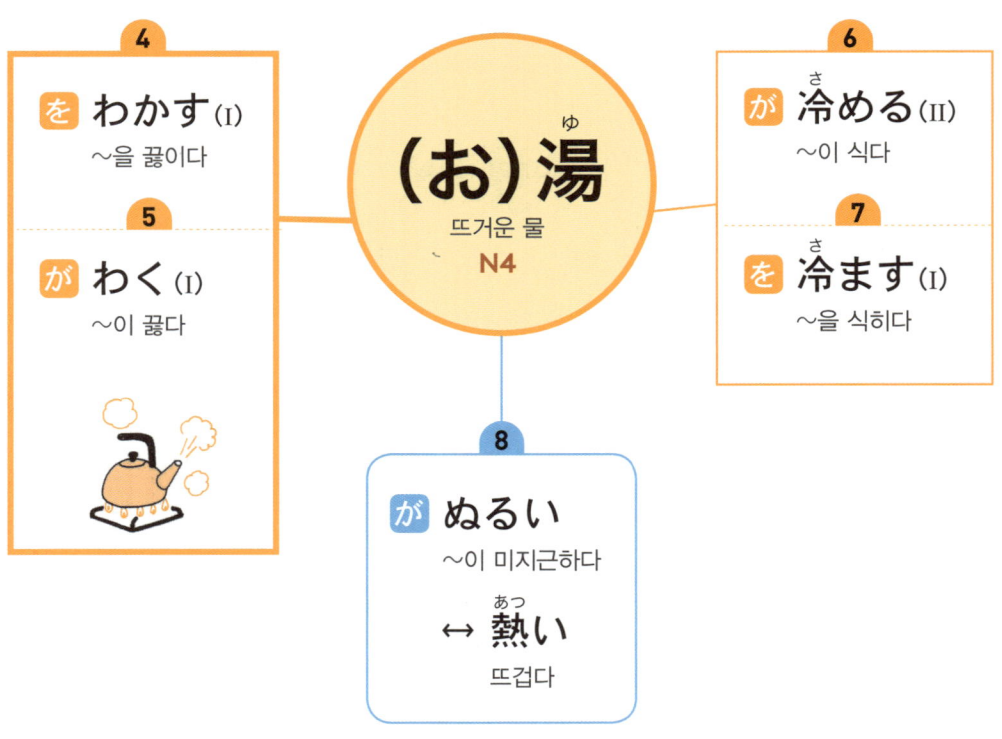

식 → 술/뜨거운 물

1. (お)酒に酔う
- 飲みすぎて、お酒に酔ってしまった。
  과음해서 술에 취해 버렸다.
- ★ 「酔う 취하다」만으로도 쓴다.
  예) 私は、酔うとすぐ寝てしまう。 나는 술에 취하면 곧바로 자 버린다.

2. (お)酒が強い ↔ 弱い
- 父はお酒が強くて、いくら飲んでも酔わない。
  아버지는 술이 세서 아무리 마셔도 취하지 않는다.
- 私はお酒が弱いので、すぐ顔が赤くなってしまう。
  나는 술이 약해서 금방 얼굴이 빨개진다.
- ★ 「お酒に強い 술에 강하다 ↔ 弱い 약하다」라는 표현도 있다.

3. 強い(お)酒
- ウイスキーは、とても強いお酒だ。
  위스키는 매우 독한 술이다.

4. (お)湯をわかす
- 水を火にかけて、お湯をわかす。
  물을 불에 올려 끓인다.

5. (お)湯がわく
- 電気ポットは、すぐにお湯がわく。
  전기 포트는 금방 물이 끓는다.

6. (お)湯が冷める
- お茶は、少し湯が冷めてから入れるとおいしい。
  차는 물 온도가 조금 식은 후에 우려내면 맛있다.

7. (お)湯を冷ます
- お湯をよく冷まして、赤ちゃんのミルクを作った。
  뜨거운 물을 잘 식혀서 아기의 분유를 탔다.
- ★ 차나 커피 등 뜨거운 음료에도 사용한다.

8. (お)湯がぬるい ↔ 熱い
- コーヒーや紅茶は、湯が熱い方がいい。湯がぬるいと、おいしくない。
  커피나 홍차는 물이 뜨거운 편이 낫다. 물이 미지근하면 맛이 없다.
- ★ 차나 커피 등 뜨거운 음료에도 사용한다.

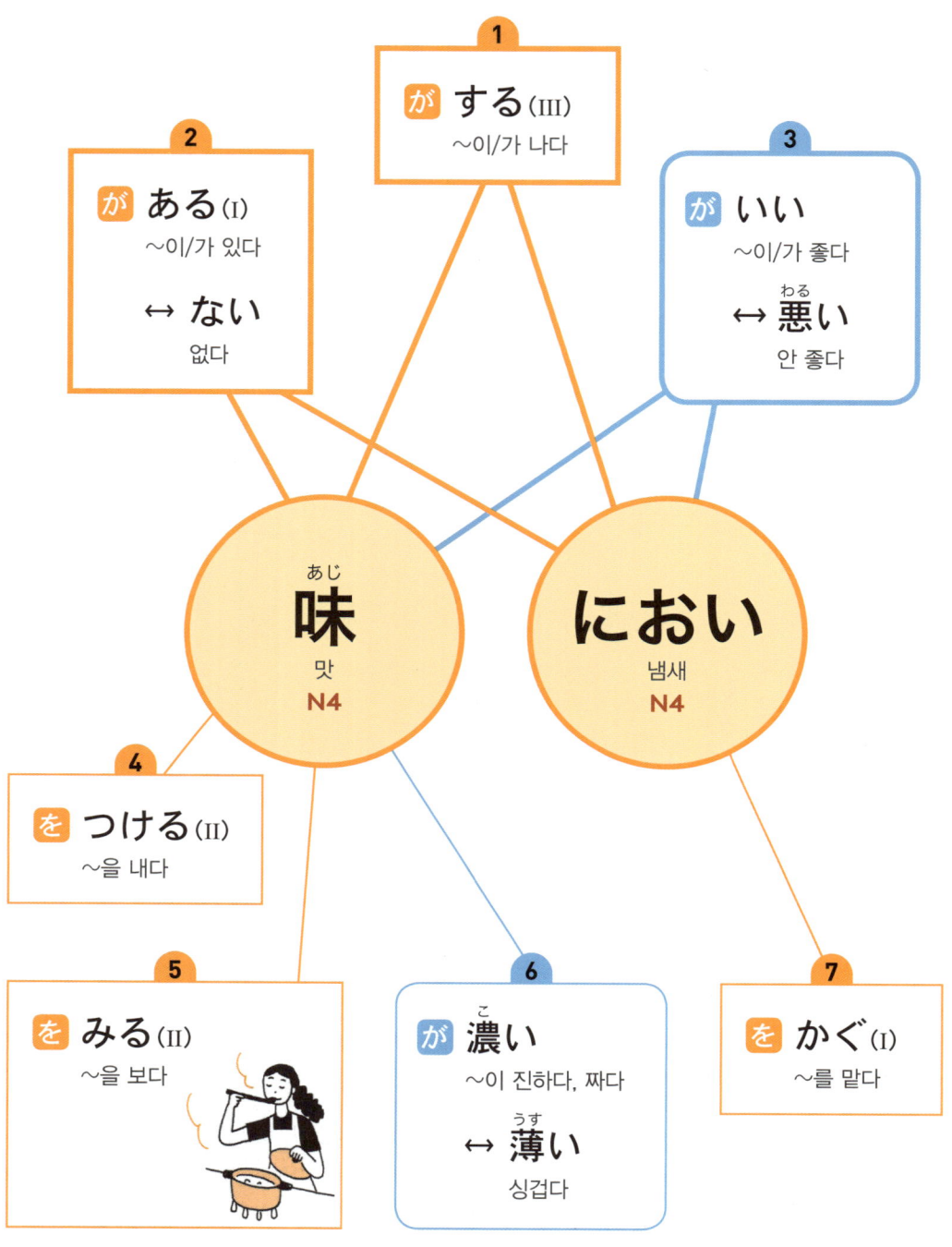

🔔 좋은 냄새는 「匂い」, 고약한 냄새는 「臭い」라고 쓰는 경우가 많다.

식 → 맛/냄새

1	~[味][におい]がする	• ごはんは、よくかむと、甘い味がする。 밥을 잘 씹으면 단맛이 난다. • 台所から、いいにおいがしてくる。 부엌에서 좋은 냄새가 난다.
2	[味][におい]がある ↔ ない	• 多くの花には、においがある。 대부분의 꽃에는 냄새(향기)가 있다. • 水には、ほとんど味がない。 물에는 거의 맛이 없다.
3	[味][におい]がいい ↔ 悪い	• 私の大学の食堂は、どんな料理も味がよくて、人気がある。 우리 대학교 식당은 어떤 요리도 다 맛있어서 인기가 있다. 味がおいしい (×) • バラの花は、とてもにおいがいい。 장미꽃은 매우 냄새(향기)가 좋다. • においが悪い牛乳は、飲まない方がいい。 냄새가 고약한 우유는 마시지 않는 것이 좋다. 悪い [味][におい] (×)　　嫌な [味][におい] (○)
4	味をつける	• 塩を入れて、スープに味をつけた。 소금을 넣어 수프에 간을 했다.
5	味をみる	• 料理をしながら、おいしいかどうか味をみた。 요리를 하면서 맛있는지 어떤지 맛을 보았다.
6	味が濃い ↔ 薄い	• 味が濃い料理は、食べているとのどがかわく。 간이 짠 요리는 먹으면 갈증이 난다. • お茶の味が薄すぎて、湯のようだった。 차의 맛이 너무 싱거워서 뜨거운 물 같았다.
7	においをかぐ	• 古い肉のにおいをかいだら、とても臭かった。 오래된 고기 냄새를 맡았더니 고약한 냄새가 났다.

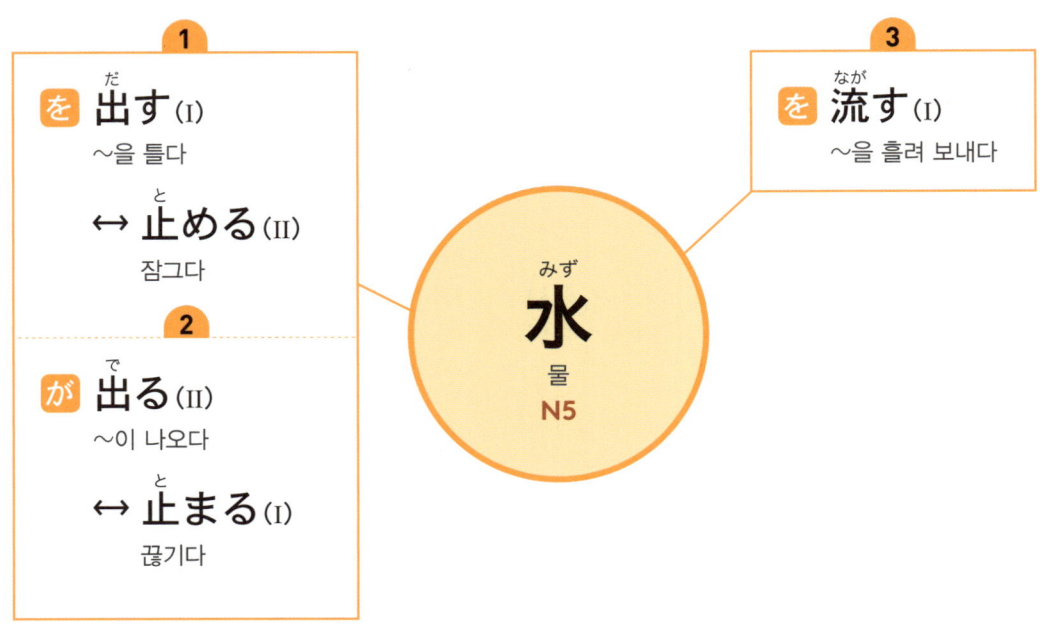

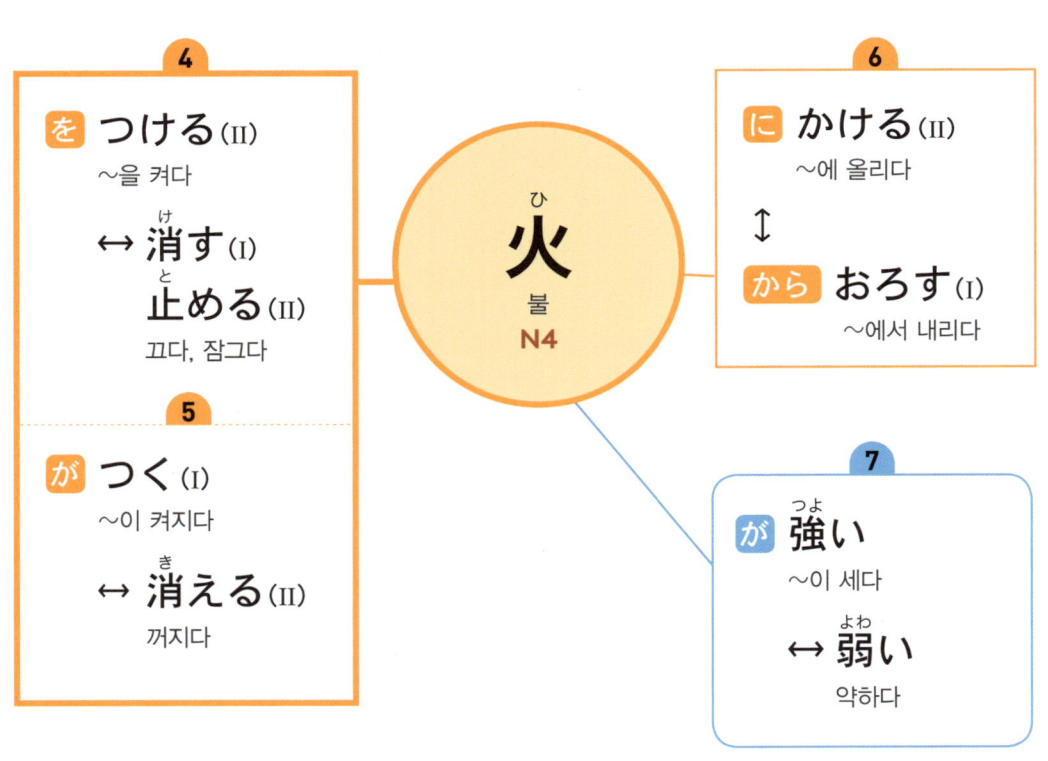

식 → 물/불

1	水を出す ↔ 止める	・水道から水を出して、ポットに入れた。 　수도에서 물을 틀어서 주전자에 담았다. ・ポットがいっぱいになったので、水道の水を止めた。 　주전자가 가득 차서 수돗물을 잠갔다.
2	水が出る ↔ 止まる	・しばらく使っていない水道から、茶色い水が出てきた。 　한동안 사용하지 않았던 수도에서 갈색 물이 나왔다. ・大きな地震の後、3日間、水が止まった。 　큰 지진이 있고 나서 사흘간 물이 끊겼다.
3	水を流す	・水を流しながら、皿を洗った。 　흐르는 물에 접시를 씻었다.
4	火をつける ↔ {消す／止める}	・水の入ったなべを置いて、ガスに火をつけた。 　물이 든 냄비를 놓고 가스에 불을 켰다. ・お湯がわいたので、火を{消し／止め}た。 　물이 끓어서 가스불을 껐다/잠갔다. ★「止める 끄다」는 가스불에 사용한다.
5	火がつく ↔ 消える	・コンロが壊れて、ガスの火がつかない。 　난로가 고장 나서 가스불이 켜지지 않는다. ・料理の途中で、コンロの火が消えてしまった。 　요리하는 도중에 가스불이 꺼져 버렸다.
6	火にかける ↕ 火からおろす	・フライパンを火にかけて、肉を焼いた。 　프라이팬을 불에 올려 고기를 구웠다. ・肉が焼けたので、フライパンを火からおろした。 　고기가 구워져서 프라이팬을 불에서 내렸다.
7	火が強い ↔ 弱い	・火が強すぎると魚が焦げるので、もう少し弱い方がいい。 　불이 너무 세면 생선이 타니까 조금 더 불이 약한 편이 낫다.

食

확인문제

1 아래의 표를 완성하세요.

자동사	타동사
① 火が _____	火を消す
② 火が _____	火をつける
水が出る	③ 水を _____
④ 湯が _____	湯をわかす
湯が冷める	⑤ 湯を _____

2 올바른 문장이 되도록 왼쪽과 오른쪽의 말을 선으로 연결하세요.

① 自分で朝ごはんを　　　　・　　　　・出す。
② 昼は外で食事を　　　　　・　　　　・つぐ。
③ 熱いお茶をカップに　　　・　　　　・とる。
④ お客さんにお菓子とお茶を　・　　　・作る。

3 함께 쓸 수 있는 말을 [ ]에서 모두 골라 ○표 하세요.

① お茶が　[強い　弱い　濃い　薄い]
② 湯が　　[暑い　寒い　きつい　ぬるい]
③ 火が　　[強い　弱い　高い　低い]
④ 味が　　[いい　悪い　濃い　薄い　ない]
⑤ においが [いい　悪い　大きい　小さい　ない]

4 ( )에는 조사를 넣고, 밑줄에는 □에서 단어를 하나 골라 넣으세요.

ある　する　かぐ　つける

① この花には、におい　　　（　）_____。
② 台所からカレーのにおい　（　）_____。
③ 鼻を近づけて、におい　　（　）_____。
④ このガムは、りんごの味　（　）_____。
⑤ 料理に塩で味　　　　　　（　）_____。

5 □에서 단어를 골라 적당한 형태로 바꿔서 [ ] 안에 넣으세요. 각 단어는 한 번밖에 고를 수 없습니다.

する　みる　おろす　かける　とめる

今日、友だちが遊びに来て、夜、うちで一緒に食事を [① 　　　　] ことになった。ステーキを作ろうと、フライパンを火に [② 　　　　] て、肉を焼いた。次に、肉の汁で、味を [③ 　　　　] ながら、ソースを作った。ちょうどいい味になったところで火を [④ 　　　　] て、フライパンを [⑤ 　　　　] た。ソースを肉にかけて食べると、とてもおいしかった。

6 ( )에 들어갈 말은 무엇입니까? 1~4에서 가장 알맞은 것을 고르세요.

① 山田「何か飲みたいな。」
　 田中「じゃあ、お茶を（　　　）か。」
　　　1 差そう　　2 作ろう　　3 つけよう　　4 入れよう

② 私は、お酒が（a　　　）ので、すぐに（b　　　）しまう。
　a) 1 弱い　　2 苦い　　3 嫌いな　　4 苦しい
　b) 1 負けて　　2 酔って　　3 壊れて　　4 くずれて

10~17

3 住
じゅう
주

部屋 (방) N5

1 が 広い (ひろい) ~이 넓다 ↔ 狭い (せまい) 좁다

2 が 大きい (おおきい) ~이 크다 ↔ 小さい (ちいさい) 작다

3 を 片づける (かたづける) (II) ~을 치우다

4 を 借りる (かりる) (II) ~을 빌리다

🔔 「部屋 방」은 '집에 있는 방 중 하나'라는 뜻과 '아파트나 맨션의 자기 집'이라는 의미를 가지고 있다.

ドア (문) N5

5 を 開ける (あける) (II) ~을 열다 ↔ 閉める (しめる) (II) 닫다

6 が 開く (あく) (I) ~이 열리다 ↔ 閉まる (しまる) (I) 닫히다

🔔 「ドア」를 「戸 문」이라고 하기도 한다.

주 → 방/문

1 部屋が広い ↔ 狭い
- 私のアパートは、部屋が広くて物がたくさん置ける。
  우리 아파트는 방이 넓어서 물건을 많이 둘 수 있다.
- 部屋が狭くて、ベッドが入らない。
  방이 좁아서 침대가 들어가지 않는다.

2 部屋が大きい ↔ 小さい
- 部屋が大きいので、友だちと二人で住んでいる。
  방이 커서 친구와 둘이서 살고 있다.
- このアパートは部屋が小さいが、駅に近くて便利だ。
  이 아파트는 방은 작지만 역이 가까워서 편리하다.

3 部屋を片づける
- 友だちが来るから、部屋を片づけてきれいにしよう。
  친구가 오니까 방을 치워서 깨끗하게 하자.

4 部屋を借りる
- 大学に入ったので、大学の近くに部屋を借りた。
  대학에 입학했기 때문에 대학 근처에 방을 빌렸다.

5 ドアを開ける ↔ 閉める
- ドアを開けて、部屋の外へ出た。
  문을 열고 방 밖으로 나왔다.
- 息子は、ドアを閉めないでトイレに入るので困る。
  아들은 문을 안 닫고 화장실에 들어가기 때문에 곤란하다.

6 ドアが開く ↔ 閉まる
- うちへ帰ると、玄関のドアが開いていた。
  집에 돌아오니 현관문이 열려 있었다.
- 重くて、なかなかドアが閉まらない。
  무거워서 좀처럼 문이 닫히지 않는다.
- ★ 「開ける 열다 ↔ 閉める 닫다」, 「開く 열리다 ↔ 閉まる 닫히다」는 창문이나 커튼 등에도 사용한다.

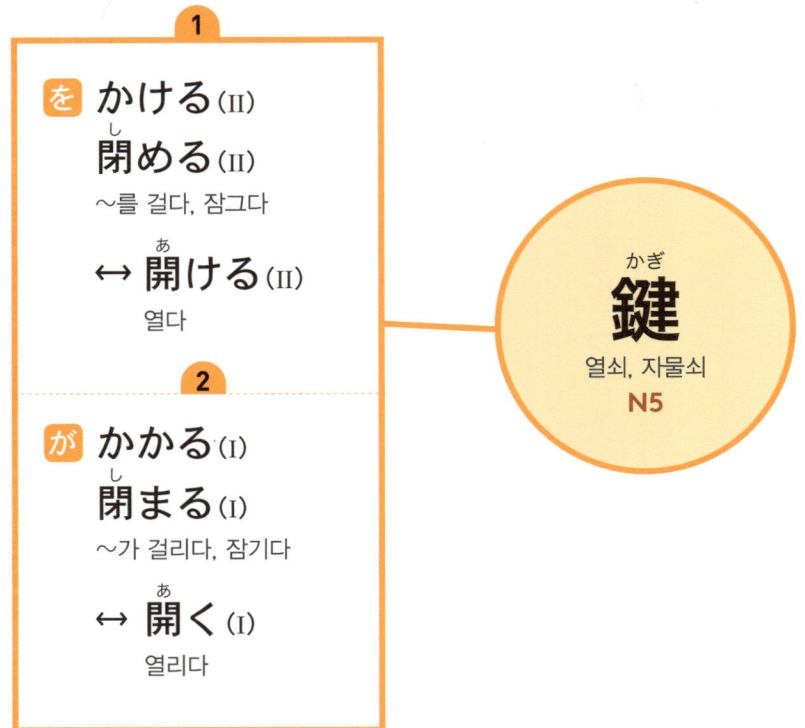

1
を かける(II)
　 閉（し）める(II)
　 ～를 걸다, 잠그다
　 ↔ 開（あ）ける(II)
　 열다

2
が かかる(I)
　 閉（し）まる(I)
　 ～가 걸리다, 잠기다
　 ↔ 開（あ）く(I)
　 열리다

鍵（かぎ）
열쇠, 자물쇠
N5

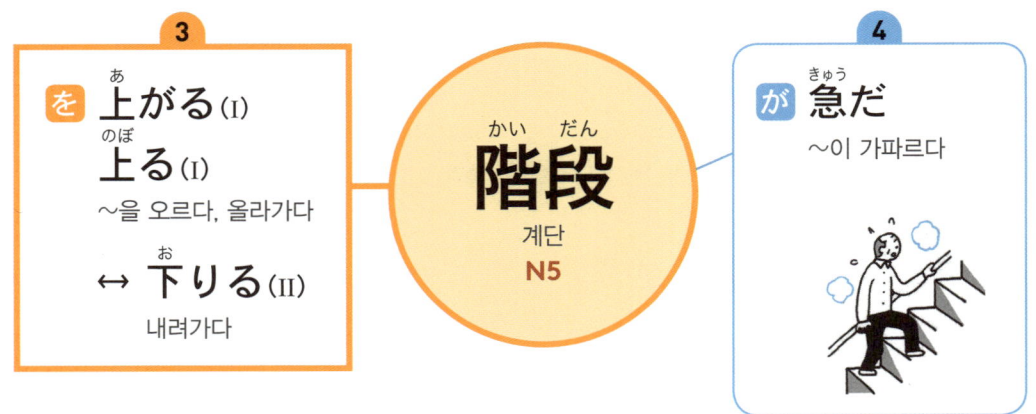

3
を 上（あ）がる(I)
　 上（のぼ）る(I)
　 ～을 오르다, 올라가다
　 ↔ 下（お）りる(II)
　 내려가다

階段（かいだん）
계단
N5

4
が 急（きゅう）だ
　 ～이 가파르다

주 → 열쇼/계단

1. 鍵を {かける／閉める} ↔ 開ける

- 出かけるとき、ドアの鍵を {かける／閉める} のを忘れてしまった。
  외출할 때 문의 열쇠를 {거는/잠그는} 것을 잊어버렸다.

- 鍵を開けて、部屋に入った。
  열쇠를 열고 방에 들어갔다.

2. 鍵が {かかる／閉まる} ↔ 開く

- 鍵が {かかっ／閉まっ} ていて、部屋に入れない。
  열쇠가 {걸려/잠겨} 있어서 방에 들어갈 수 없다.
  部屋に鍵がかかる (○)   部屋に鍵が閉まる (×)

- ドアが壊れて、鍵が開かない。
  문이 고장 나서 열쇠가 열리지 않는다.

3. 階段を {上がる／上る} ↔ 下りる

- エレベーターが動かないので、7階まで階段を {上がら／上ら} なければならない。
  엘리베이터가 움직이지 않아서 7층까지 계단을 {오르지/올라가지} 않으면 안 된다.

- 階段を下りて、1階の部屋へ行った。
  계단을 내려가서 1층 방으로 갔다.

4. 階段が急だ

- 私のアパートは階段が急なので、お年寄りは大変だ。
  우리 아파트는 계단이 가파르기 때문에 노인은 힘들다.

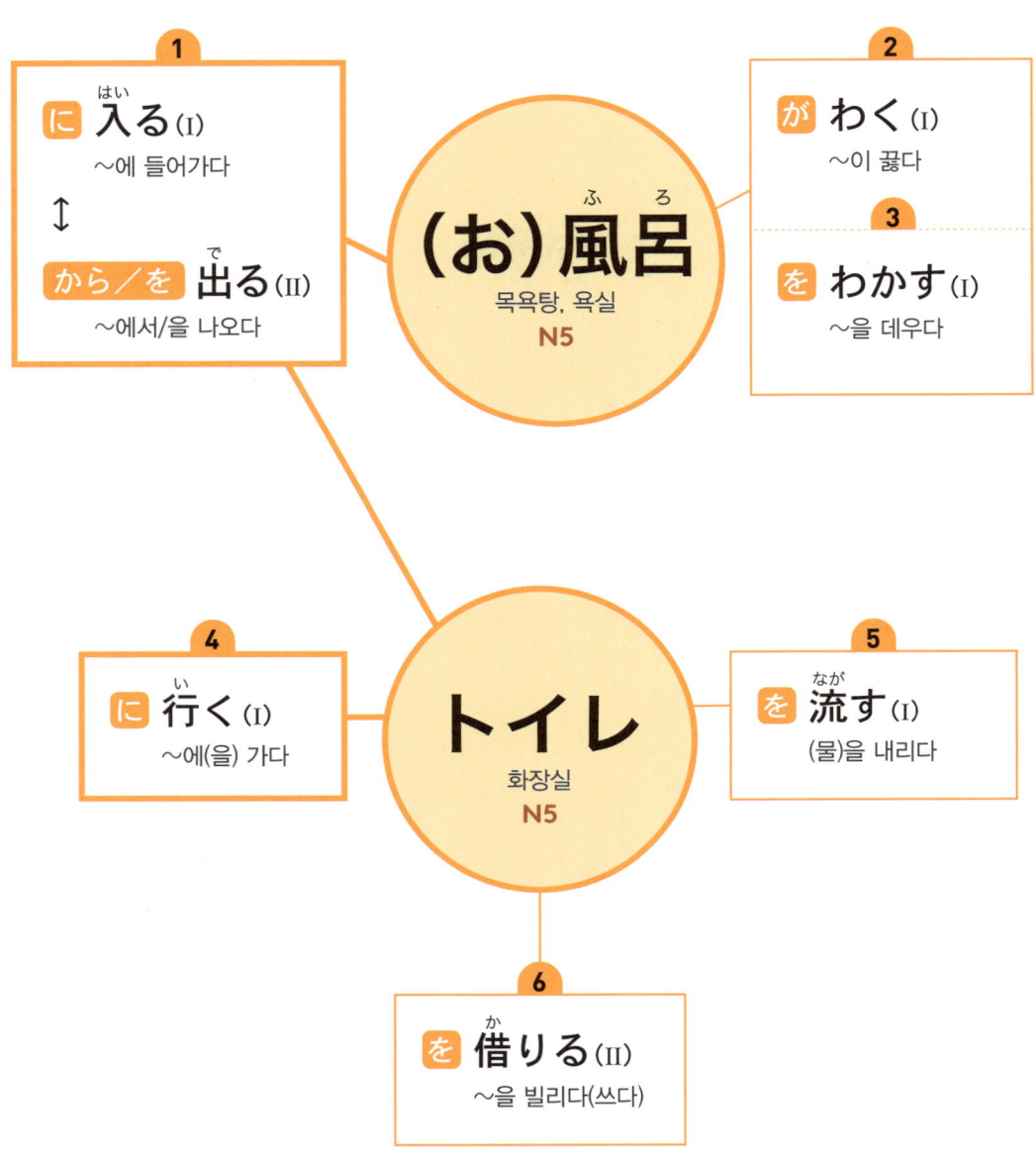

주 → 목욕탕/화장실

1 [(お)風呂][トイレ]に入る
↕
[(お)風呂][トイレ]{から/を}出る

- 風呂に入ると、疲れが取れる。
  목욕을 하면 피로가 풀린다.
- ★ 「お風呂に入る」는 '욕조에 뜨거운 물을 가득 채워서 목욕하다'오- '욕실에서 몸을 씻는다'는 두 가지 의미가 있다.
- トイレに入ったら、トイレットペーパーがなくて困った。
  화장실에 들어갔더니 화장지가 없어서 난처했다.
- 体が温まったので、風呂{から/を}出た。
  몸이 따뜻해져서 욕실{에서/을} 나왔다.
- 電話が鳴ったので、急いでトイレ{から/を}出た。
  전화가 울려서 서둘러 화장실{에서/을} 나왔다.

2 (お)風呂がわく

- 寒いから、お風呂がわいたらすぐ入ろう。
  추우니까 목욕물이 데워지면 바로 들어가야지.

3 (お)風呂をわかす

- 湯が冷めたので、もう一度風呂をわかした。
  쿨이 식어서 다시 목욕물을 데웠다.

4 トイレに行く

- 寒い日は、何度もトイレに行ってしまう。
  추운 날은 몇 번이나 화장실을 가게 된다.

5 トイレを流す

- トイレを流すのを忘れて、いつも母に叱られる。
  화장실 물을 내리는 것을 깜박해서 항상 어머니에게 꾸중을 듣는다.
- ★ 여기서 말하는 「トイレ」는 '화장실의 물'을 의미한다.

6 トイレを借りる

- 友だちのうちへ遊びに行ったとき、トイレを借りた。
  친구 집에 놀러 갔을 때 화장실을 빌렸다(썼다).

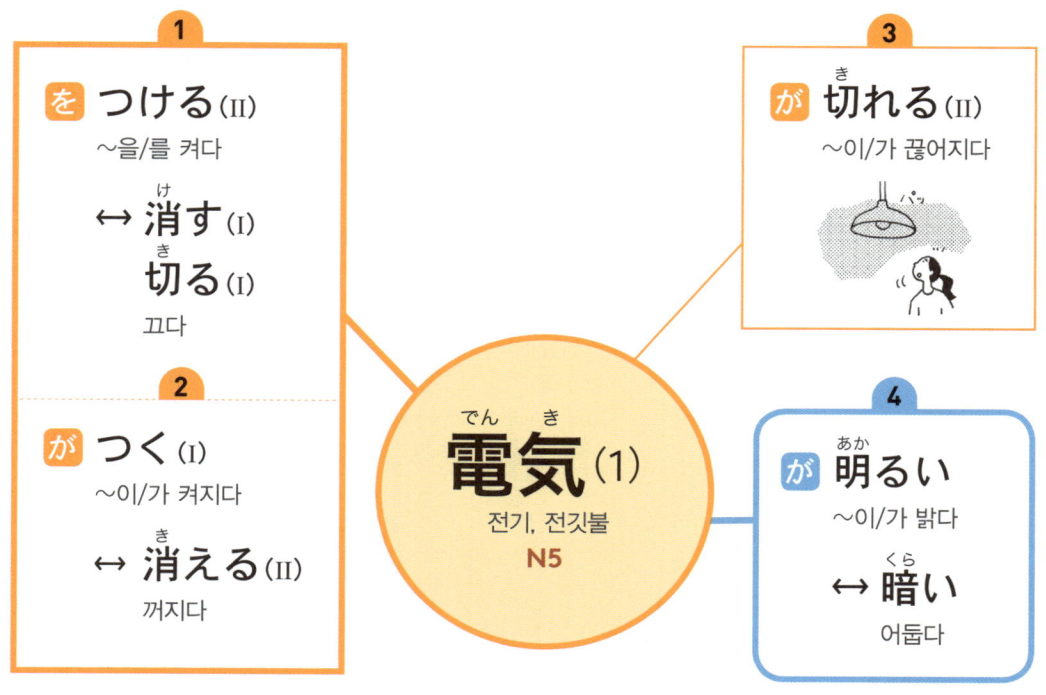

🔔 1과 2는 TV나 라디오에도 쓸 수 있다.

주 → 전기(1) / 스위치

1	電気をつける ↔ {消す／切る}	• 夜、うちに帰ってきて、部屋の電気をつけた。 밤에 집에 돌아와서 방의 전깃불을 켰다. • 寝るときは、電気を{消し／切っ}て、部屋を暗くする。 잘 때는 전깃불을 끄고 방을 어둡게 한다.
2	電気がつく ↔ 消える	• スイッチを押すと、電気がつく。 스위치를 누르면 전깃불이 켜진다. • 雷が落ちて、町中の電気が消えてしまった。 번개가 쳐서 온 동네 전기가 나가 버렸다.
3	電気が切れる	• 古い電気が切れて、つかなくなった。 오래된 전기가 끊겨서 켜지지 않게 되었다.
4	電気が明るい ↔ 暗い	• 目のために、勉強は電気が明るい部屋でした方がいい。 눈을 위해서 공부는 전깃불이 밝은 방에서 하는 것이 좋다. • 電気が暗くて、本の字がよく読めない。 전깃불이 어두워서 책의 글자를 잘 읽을 수 없다.
5	スイッチを入れる ↔ 切る	• 電気ポットは、スイッチを入れるだけで、湯がわく。 전기 포트는 스위치를 켜는 것만으로 물이 끓는다. • ラジオがうるさいので、スイッチを切った。 라디오가 시끄러워서 스위치를 껐다.
6	スイッチを押す	• いくらスイッチを押しても、掃除機が動かない。 아무리 스위치를 눌러도 청소기가 작동하지 않는다.

エアコン
에어컨
N4

1 を つける(II) / 入れる(II) / かける(II)
〜을 켜다, 틀다

↔ 切る(I) / 消す(I) / 止める(II)
끄다

2 が つく(I)
〜이 켜지다

3 が 効く(I)
〜이 잘 작동되다

時計
시계
N5

4 が 動く(I)
〜가 움직이다

↔ 止まる(I)
서다

5 が 遅れる(II)
〜가 늦다

↔ 進む(I)
빠르다

6 を 合わせる(II)
〜를 맞추다

7 を セットする(III)
〜를 세팅하다

8 が 鳴る(I)
〜가 울리다

주 → 에어컨/시계

1	エアコンを{つける／入れる／かける} ↕ {切る／消す／止める}	・部屋が暑いので、エアコンを{つけ／入れ／かけ}た。 방이 더워서 에어컨을 {켰다/틀었다}. ・部屋が冷えすぎて寒くなったので、エアコンを{切っ／消し／止め}た。 너무 냉방이 되어 추워졌기 때문에 에어컨을 껐다.
2	エアコンがつく	・エアコンがつかない。故障したのかもしれない。 에어컨이 켜지지 않는다. 고장이 났을지도 모른다.
3	エアコンが効く	・部屋が暑すぎて、なかなかエアコンが効かない。 방이 너무 더워서 좀처럼 냉방이 되지 않는다.
4	時計が動く ↔ 止まる	・時計が動かなくなったので、修理してもらった。 시계가 움직이지 않게 되어서 수리받았다. ・電池が切れて、時計が止まってしまった。 배터리가 다 닳아서 시계가 멈춰 버렸다.
5	時計が遅れる ↔ 進む	・時計が遅れていて、約束の時間に間に合わなかった。 시계가 늦어서 약속 시간에 늦었다. ・時計が進んでいる。今8時なのに、8時3分になっている。 시계가 빠르다. 지금 8시인데 8시 3분으로 되어 있다.
6	時計を合わせる	・時間が違っていたので、時計を合わせた。 시간이 맞지 않아서 시계를 맞췄다.
7	時計をセットする	・仕事がある日は、朝7時に目覚まし時計をセットする。 일이 있는 날은 아침 7시에 자명종을 맞춘다.
8	時計が鳴る	・時計が鳴って、12時を知らせた。 시계가 울려서 12시를 알렸다.

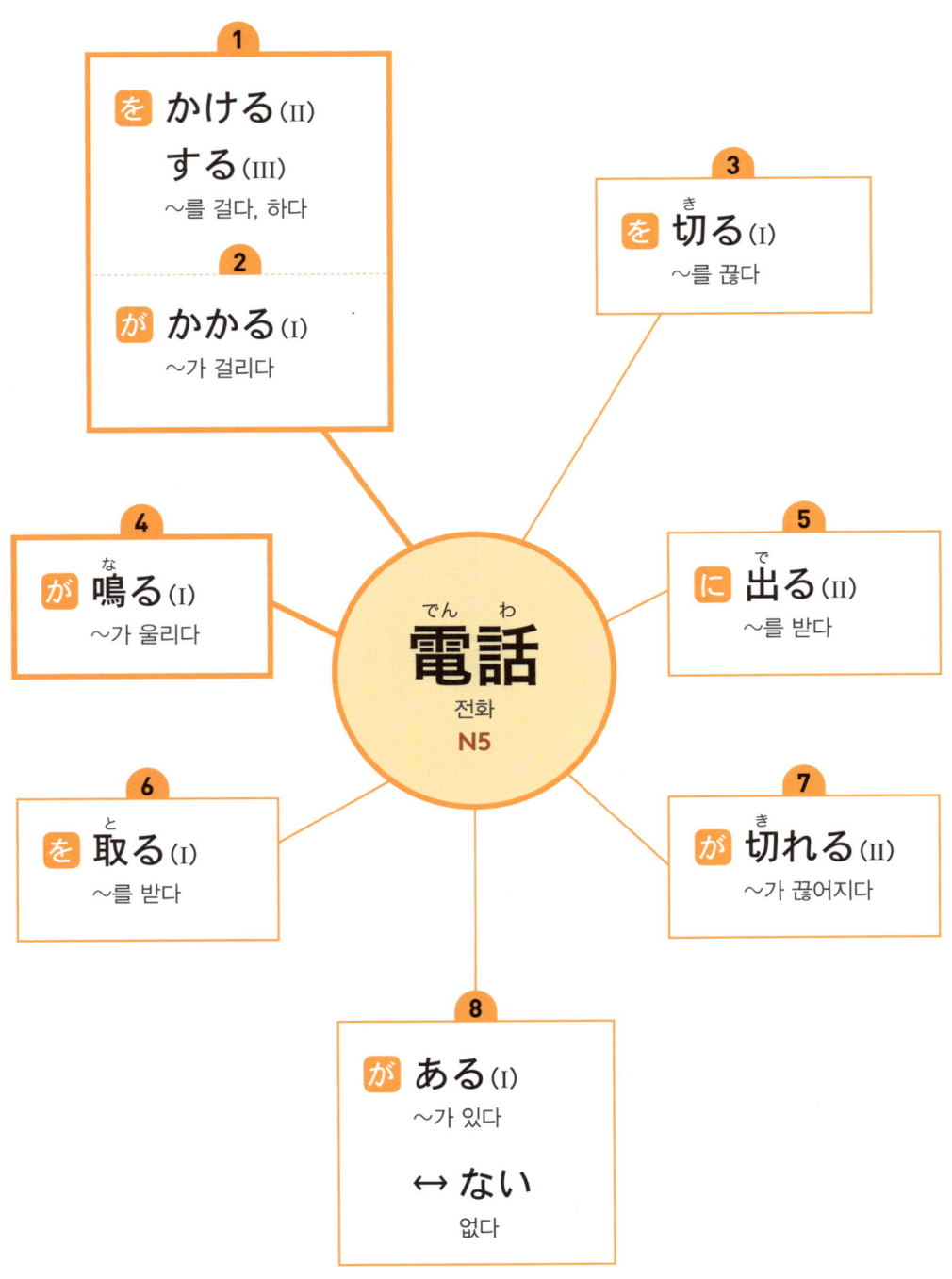

주 → 전화

1	電話を{かける/する}	・毎週、国の家族に電話を{かけ/し}ている。 매주 고국의 가족에게 전화를 걸고 있다.
2	電話がかかる	・知らない人から、うちに電話がかかってきた。 모르는 사람한테서 집으로 전화가 걸려 왔다.
3	電話を切る	・話が終わったので、電話を切った。 이야기가 끝나서 전화를 끊었다.
4	電話が鳴る	・お風呂にいて、電話が鳴ったのに気づかなかった。 목욕탕에 있어서 전화벨이 울린 것을 몰랐다.
5	電話に出る	・うちに電話をしたが、だれも電話に出なかった。 집에 전화를 했는데 아무도 전화를 안 받았다.
6	電話を取る	・電話が鳴ったが、料理をしていて、電話を取ることができなかった。 전화가 울렸지만 요리를 하고 있어서 전화를 못 받았다.
7	電話が切れる	・話の途中で、電話が切れてしまった。 통화하는 도중에 전화가 끊어져 버렸다. ★ 전화가 울리는 도중에 전화벨이 멈추는 경우에도 사용한다.
8	電話がある ↔ない	・学校から、娘がけがをしたと電話があった。 학교에서 딸이 다쳤다는 전화가 있었다. ・友だちは「明日電話する」と言ったのに、2日経っても電話がなかった。 친구는 '내일 전화하겠다'고 했는데 이틀이 지나도 전화가 없었다. ★「電話が来る 전화가 오다」라는 표현도 있다.

電気(2)
전기
N5

1 が 止(と)まる (I)
～가 끊기다

2 が 来(く)る (III)
～가 들어오다

ガス
가스
N4

3 が 出(で)る (II)
～가 나오다

4 を 止(と)める (II)
～를 끄다

5 が もれる (II)
～가 새다

水道(すいどう)
수도, 수돗물
N4

6 を 出(だ)す (I)
～을 틀다
↔ 止(と)める (II)
잠그다

7 が 出(で)る (II)
～이 나오다

주 → 전기(2) / 가스 / 수도

1	[電気] [ガス] [水道]が止まる	・地震で[電気][ガス][水道]が止まってしまった。 지진으로 [전기][가스][수도]가 끊겨 버렸다.
2	[電気] [ガス]が来る	・地震から2週間後に、やっと[電気][ガス]が来た。 지진이 난 지 2주일 후에 겨우 [전기][가스]가 들어왔다. ・世界には、電気が来ていない場所で生活している人がいる。 세상에는 전기가 들어오지 않는 곳에서 생활하고 있는 사람이 있다.
3	ガスが出る	・コンロの火がつかない。ガスが出ていないようだ。 가스레인지(조리용 난로)의 불이 붙지 않는다. 가스가 안 나오는 것 같다.
4	ガスを止める	・料理をしているとき地震があったので、すぐにガスを止めた。 요리를 하고 있을 때 지진이 발생해서 곧바로 가스를 껐다.
5	ガスがもれる	・嫌なにおいがする。ガスがもれているかもしれない。 불쾌한 냄새가 난다. 가스가 새고 있을지도 모른다.
6	水道を出す ↔ 止める	・庭で水道を出して、花に水をやった。 정원에서 수돗물을 틀고 꽃에 물을 주었다. ・お風呂がいっぱいになったので、水道を止めた。 목욕물이 가득 차서 수돗물을 잠갔다. ★ 「水道 수돗물」 대신 「水 물」을 쓰기도 한다.
7	水道が出る	・大きな台風の後、水道が出なくなった。 큰 태풍이 온 후에 수돗물이 나오지 않게 되었다.

ごみ
쓰레기
N5

1 を 捨てる(II) ~를 버리다

2 を 拾う(I) ~를 줍다

3 が 落ちる(II) ~가 떨어지다

4 を 片づける(II) ~를 치우다

5 を 分ける(II) ~를 분리하다

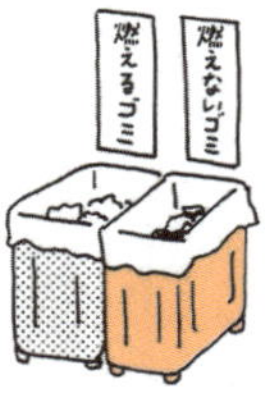

6 を 出す(I) ~를 내다

7 が 出る(II) ~가 나오다

8 を 集める(II) ~를 수거하다

9 を 燃やす(I) ~를 태우다

주 → 쓰레기

1	ごみを捨てる	• 床にごみを捨てたら、父に怒られた。 바닥에 쓰레기를 버렸다가 아버지에게 혼났다. ★ 「捨てる 버리다」는 '쓰레기를 쓰레기통에 넣는다'는 의미도 있다.
2	ごみを拾う	• ボランティアで、みんなで海岸のごみを拾った。 자원봉사로 다 같이 해안가 쓰레기를 주웠다.
3	ごみが落ちる	• 子どもたちが遊んだ部屋に、たくさんごみが落ちていた。 아이들이 놀던 방에 쓰레기가 많이 떨어져 있었다.
4	ごみを片づける	• パーティーの後のごみを片づけるのは、大変だ。 파티가 끝난 후 쓰레기를 치우는 것은 힘들다.
5	ごみを分ける	• 燃える物と燃えない物にごみを分ける。 타는 것과 타지 않는 것으로 쓰레기를 분리한다.
6	ごみを出す	• 私のアパートは、水曜と金曜に、アパートの横にごみを出すことになっている。 우리 아파트는 수요일과 금요일에 아파트 옆에 쓰레기를 내놓게 되어 있다.
7	ごみが出る	• 引っ越しをすると、大きなごみが出る。 이사를 하면 대형 쓰레기가 나온다.
8	ごみを集める	• 私の町では、毎週火曜日に、燃えるごみを集めている。 우리 동네에서는 매주 화요일에 타는 쓰레기(가연 쓰레기)를 수거하고 있다.
9	ごみを燃やす	• このごろは、庭でごみを燃やしてはいけないということになっている。 요즘은 정원에서 쓰레기를 태워서는 안 되게 되어 있다.

住 확인문제

1 아래의 표를 완성하세요.

자동사	타동사	자동사	타동사
① ドアが_____	ドアを開ける	鍵がかかる	⑤ 鍵を_____
② ドアが_____	ドアを閉める	⑥ 電話が_____	電話をかける
③ 電気が_____	電気をつける	風呂がわく	⑦ 風呂を_____
④ 電気が_____	電気を消す	⑧ ガスが_____	ガスを止める

2 왼쪽과 오른쪽이 반대말이 되도록 □에서 적당한 말을 모두 골라 [ ] 안에 넣으세요.

| 上がる 開ける 下りる 切る 閉める 上る 消す 出す |
| 入れる かける 止める つける |

① 階段を　　　[　　　　　] ↔ [　　　　　]
② エアコンを [　　　　　] ↔ [　　　　　]
③ スイッチを [　　　　　] ↔ [　　　　　]
④ 水道を　　　[　　　　　] ↔ [　　　　　]
⑤ 鍵を　　　　[　　　　　] ↔ [　　　　　]

3 잘못된 표현에 ×표 하세요.

① トイレに行く　　トイレを出す　　トイレを借りる　　トイレを流す
② 電気が出る　　　電気が来る　　　電気が止まる　　　電気がもれる
③ ガスが出る　　　ガスが開く　　　ガスが止まる　　　ガスがもれる
④ ごみが出る　　　ごみが落ちる　　ごみを集める　　　ごみをつなぐ

4 올바른 문장이 되도록 왼쪽과 오른쪽의 말을 선으로 연결하세요.

① 国にいる家族に電話を　　　　　・　　　　・出た。
② 電話が鳴ったので、電話を　　　・　　　　・切れた。
③ だれもいなかったので、私が電話に　・　　　・した。
④ 友だちと電話で話していたら、途中で・　　　・取った。

5 { }에서 올바른 쪽을 골라 ○표 하세요.

① この時計は { 遅い　遅れている }。
② 寒い日は、帰ったらすぐ家の風呂に { 行きたい　入りたい }。
③ 大学に入ったので、大学の近くに部屋を { 借りた　取った }。
④ 部屋が暑すぎて、エアコンがなかなか { 効かない　働かない }。

6 ☐에서 단어를 골라 적당한 형태로 바꿔서 [ ] 안에 넣으세요. 각 단어는 한 번밖에 고를 수 없습니다.

| ある　きる　なる　あわせる　セットする |

先週、夜に友だちから「明日映画に行こう」と電話が［①　　　　］た。見たい映画だったので行く約束をして、電話を［②　　　　］た。寝る前、目覚まし時計が止まっていたので、電池を入れ替えて時間を［③　　　　］て、次の朝7時に起きるように［④　　　　］た。でも、次の日、なぜか8時に時計が［⑤　　　　］て、約束に遅れてしまった。

7 ( )에 들어갈 말은 무엇입니까? 1~4에서 가장 알맞은 것을 고르세요.

① ごみをごみ箱に（　　　）。
　1 捨てた　　2 出した　　3 拾った　　4 片づけた

② このアパートは、階段が（　　　）。
　1 高い　　2 ゆるい　　3 上だ　　4 急だ

③ 古い電気が（　　　）、つかなくなった。
　1 取れて　　2 切れて　　3 折れて　　4 破れて

4 交通
こうつう
교통

18~21

車 (くるま) N5 / 차
自動車 (じどうしゃ) N5 / 자동차

タクシー 택시 N5

1. を 運転する(うんてんする)(III) ～를 운전하다
2. が 止まる(とまる)(I) ～가 서다
3. を 止める(とめる)(II) ～를 세우다
4. を ぶつける(II) ～를 부딪치다
5. に ひかれる(II) ～에 치이다
6. を 呼ぶ(よぶ)(I) ～를 부르다
7. を 拾う(ひろう)(I) ～를 잡다
8. を 止める(とめる)(II) ～를 세우다

교통 → 차/자동차/택시

1	[{車／自動車}] [タクシー] を運転する	・お酒を飲んだら、{車／自動車}を運転してはいけない。 술을 마시면 {차/자동차}를 운전해서는 안 된다. ・父は、仕事でタクシーを運転している。 아버지는 직업으로 택시를 운전하고 있다.
2	[{車／自動車}] [タクシー]が止まる	・家の前に、誰かの{車／自動車}が止まっている。 집 앞에 누군가의 {차/자동차}가 서 있다. ・駅の前でタクシーが止まった。 역 앞에서 택시가 섰다.
3	[{車／自動車}] [タクシー]を止める	・駐車場に{車／自動車}を止めて、店に入った。 주차장에 {차/자동차}를 세우고 가게에 들어갔다. ・運転手は、交差点の前でタクシーを止めた。 운전기사는 교차로 앞에서 택시를 세웠다.
4	{車／自動車} をぶつける	・駐車場の壁に{車／自動車}をぶつけてしまった。 주차장 벽에 {차/자동차}를 부딪히고 말았다.
5	[{車／自動車}] [タクシー] にひかれる	・弟が[{車／自動車}] [タクシー]にひかれて、大けがをした。 남동생이 [{차/자동차}] [택시]에 치여서 크게 다쳤다.
6	タクシーを呼ぶ	・お客さんが帰るので、電話でタクシーを呼んだ。 손님이 돌아가므로 전화로 택시를 불렀다.
7	タクシーを拾う	・夜遅いし、雨も降ってきたから、タクシーを拾って帰ろう。 밤도 늦었고 비도 오니까 택시를 잡아서 돌아가자.
8	タクシーを止める	・交差点でタクシーを止めて、乗った。 교차로에서 택시를 세우고 탔다. ★ 여기서 「止める 세우다」는 택시를 운전하는 사람 이외의 사람이 달려오고 있는 택시를 세운다는 의미로서 3과는 다른 뜻이다.

自転車 (자전거) N5

1 を こぐ(I) — (자전거 페달)을 밟다

2 を 止める(II) — ~를 세우다

3 を 押す(I) — ~를 밀다

4 に またがる(I) — ~에 올라타다

ルール (규칙) N1

5 が ある(I) — ~이 있다 ↔ ない 없다

6 を 守る(I) — ~을 지키다 ↔ 破る(I) 어기다

7 が できる(II) — ~이 생기다

8 が 厳しい — ~이 엄격하다

교통 → 자전거/규칙

1	自転車をこぐ	・坂道を上るときは、力を入れて自転車をこぐ。 언덕길을 올라갈 때는 힘을 주어 자전거 페달을 밟는다.
2	自転車を止める	・a. 犬が走って来たので、ブレーキをかけて自転車を止めた。 개가 달려와서 브레이크를 걸고 자전거를 세웠다. ・b. 公園に自転車を止めて、散歩をした。 공원에 자전거를 세우고 산책을 했다.
3	自転車を押す	・坂道で自転車を押して歩いた。 비탈길에서 자전거를 밀며 걸었다.
4	自転車にまたがる	・スカートよりズボンの方が、自転車にまたがりやすい。 치마보다 바지가 자전거에 올라타기 쉽다.
5	ルールがある ↔ ない	・道路には、いろいろな交通のルールがある。 도로에는 여러 가지 교통 규칙이 있다. ・道を歩く人にはルールがないと思っていたが、いろいろあって驚いた。 길을 걷는 사람에게는 (교통) 규칙이 없다고 생각했는데 여러 가지가 있어서 놀랐다.
6	ルールを守る ↔ 破る	・道路では、人も車も交通ルールを守らなければならない。 도로에서는 사람도 차도 교통 규칙을 지키지 않으면 안 된다. ・交通ルールを破って、警官から注意された。 교통 규칙을 어겨서 경찰한테 주의를 받았다.
7	ルールができる	・今年、オートバイのための新しいルールができた。 올해 오토바이를 위한 새로운 규칙이 생겼다.
8	ルールが厳しい	・車の運転は、安全のためのルールが厳しい。 자동차 운전은 안전을 위한 규칙이 엄격하다.

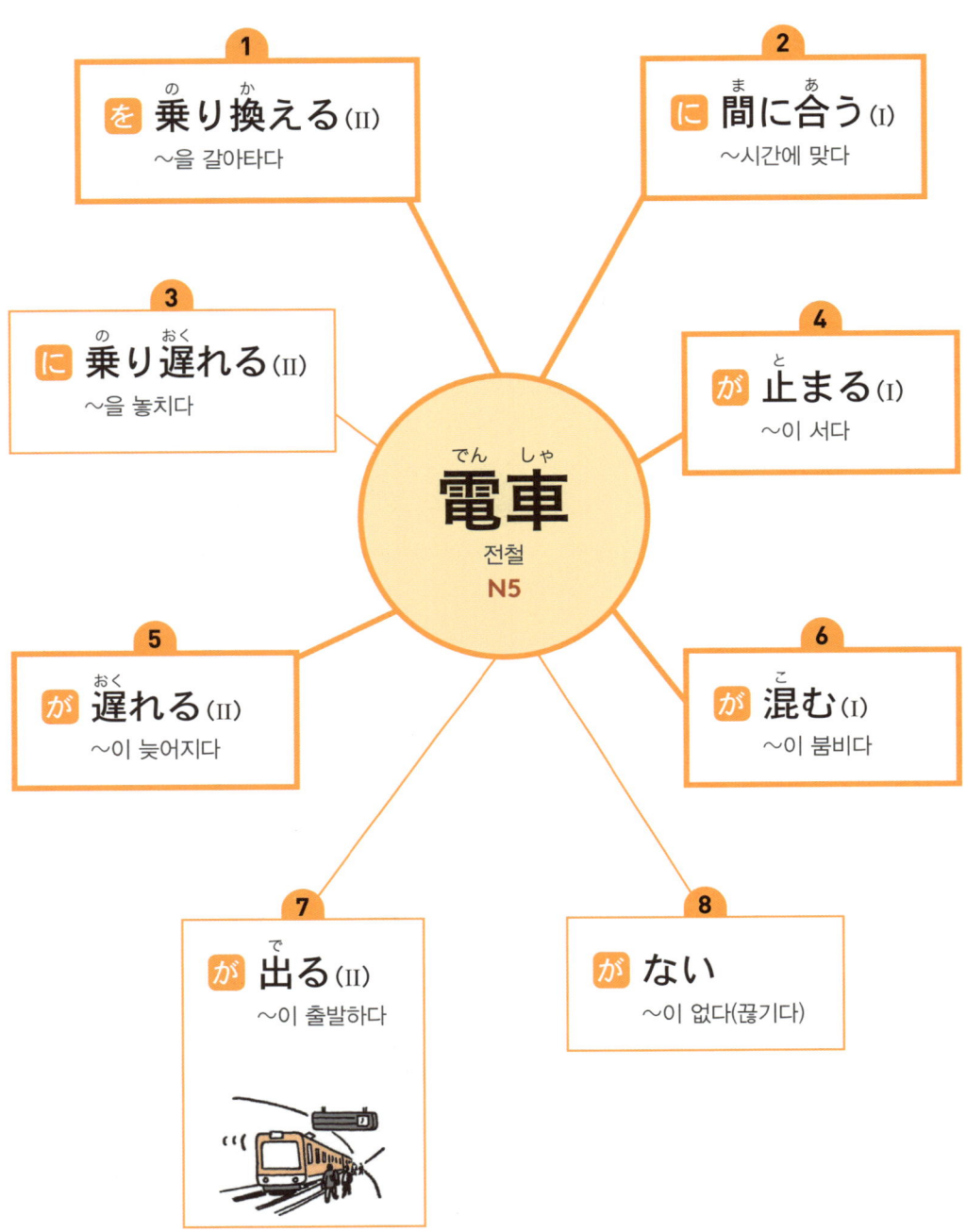

電車 전철 N5

1 を 乗り換える(II) ~을 갈아타다

2 に 間に合う(I) ~시간에 맞다

3 に 乗り遅れる(II) ~을 놓치다

4 が 止まる(I) ~이 서다

5 が 遅れる(II) ~이 늦어지다

6 が 混む(I) ~이 붐비다

7 が 出る(II) ~이 출발하다

8 が ない ~이 없다(끊기다)

교통 → 전철

1 電車を乗り換える
- 「銀座へ行くなら、次の駅で電車を乗り換えてください。」
"긴자에 가려면 다음 역에서 전철을 갈아타세요."

★ 「電車{を／から}バスに乗り換える 전철{을/에서} 버스로 갈아타다」라는 표현도 있다.

예) 新宿駅で電車からバスに乗り換えて、友だちのうちへ行った。
신주쿠역에서 전철에서 버스로 갈아타고 친구 집에 갔다.

2 電車に間に合う
- 走って行けば、8時の電車に間に合うだろう。
뛰어가면 8시 전철 시간에 맞출 수 있을 것이다.

3 電車に乗り遅れる
- 寝坊をして、電車に乗り遅れてしまった。
늦잠을 자서 전철을 놓쳐 버렸다.

4 電車が止まる
- a. 駅のホームに電車が止まっている。
역 승강장에 전철이 서 있다.
- b. 事故で電車が止まっているそうだ。
사고로 전철이 멈춰 있다고 한다.

5 電車が遅れる
- 大雪のせいで、電車が遅れている。
폭설로 인해 전철이 지연되고 있다.

6 電車が混む
- 朝と夕方は、電車が混む。
아침과 저녁은 전철이 붐빈다.

7 電車が出る
- 駅に着いたら、ちょうど電車が出たところで、乗ることができなかった。
역에 도착했는데 막 전철이 출발해서 타지 못했다.

8 電車がない
- a. 私の住んでいる所は、電車がないので、車やバスを使っている。
내가 살고 있는 곳은 전철이 없어서 차나 버스를 이용하고 있다.
- b. 友だちと遅くまでお酒を飲んでいたら、電車がなくなってしまった。
친구와 늦게까지 술을 마시고 있었는데 전철이 끊겨 버렸다.

道
길
N5

1 を 通る(I) ～을 지나가다

2 を 渡る(I) ～을 건너다

3 を 聞く(I) ～을 묻다

4 を 教える(II) ～을 알려주다

5 を 間違える(II) ～을 잘못 들다

6 に 迷う(I) ～을 잃다, 헤매다

7 を 探す(I) ～을 찾다

8 が 広い ～이 넓다 ↔ 狭い 좁다

9 が まっすぐだ ～이 곧다 ↔ 曲がっている 꺾여 있다

교통 → 길

1	道を通る	今日は、いつもと違う道を通って学校へ行った。 오늘은 여느 때와 다른 길을 지나 학교에 갔다.
2	道を渡る	道を渡るときは、車に気をつけよう。 길을 건널 때는 차를 조심하자.
3	道を聞く	いろいろな人に道を聞いて、やっとホテルに着いた。 여러 사람에게 길을 물어 겨우 호텔에 도착했다.
4	道を教える	旅行者に聞かれたので、道を教えてあげた。 여행자가 물어봐서 길을 알려 주었다.
5	道を間違える	友だちのうちへ行く道を間違えて、知らない人のうちへ行ってしまった。 친구의 집에 가는 길을 잘못 들어 모르는 사람 집에 가 버렸다.
6	道に迷う	地図がなくて、道に迷ってしまった。ここはどこだろう。 지도가 없어서 길을 잃어버렸다. 여기가 어디지?
7	道を探す	スマホの地図で、地下鉄の駅までの道を探した。 스마트폰의 지도로 지하철역까지 가는 길을 찾았다.
8	道が広い ↔ 狭い	ここは道が広くて、大きな車でも運転しやすい。 여기는 길이 넓어서 큰 차라도 운전하기 쉽다. 道が狭いので、自転車を降りて押して歩いた。 길이 좁아서 자전거를 내려 밀면서 걸었다.
9	道がまっすぐだ ↔ 曲がっている	道がまっすぐなので、遠くの景色がよく見える。 길이 곧아서 멀리 있는 경치가 잘 보인다. 大きく道が曲がっていると、運転がしにくい。 크게 길이 꺾여 있으면 운전하기 힘들다.

交通 　　　　　　　　확인문제

1 ( )에 왼쪽 말의 반대말을 넣으세요.

① ルールを守<ruby>まも</ruby>る　　　↔　ルールを（　　　　　　）

② ルールがない　　　↔　ルールが（　　　　　　）

③ 道<ruby>みち</ruby>が狭<ruby>せま</ruby>い　　　↔　道<ruby>みち</ruby>が（　　　　　　）

④ 道<ruby>みち</ruby>が曲<ruby>ま</ruby>がっている　↔　道<ruby>みち</ruby>が（　　　　　　）

2 「～が止<ruby>と</ruby>まる」의 형태로 쓸 수 있는 말을 모두 찾아 ○표 하세요.

ルール　　タクシー　　電車<ruby>でんしゃ</ruby>　　自動車<ruby>じどうしゃ</ruby>　　道<ruby>みち</ruby>

3 함께 쓸 수 있는 말을 [　]에서 모두 골라 ○표 하세요.

① 道<ruby>みち</ruby>を　　　[探<ruby>さが</ruby>す　　見つかる　　渡<ruby>わた</ruby>す　　通<ruby>とお</ruby>る]

② 自転車<ruby>じてんしゃ</ruby>を　[止<ruby>と</ruby>める　　こぐ　　乗<ruby>の</ruby>る　　押<ruby>お</ruby>す]

③ 電車<ruby>でんしゃ</ruby>が　　[降<ruby>お</ruby>りる　　遅<ruby>おく</ruby>れる　　乗<ruby>の</ruby>る　　混<ruby>こ</ruby>む]

④ タクシーを　[呼<ruby>よ</ruby>ぶ　　聞<ruby>き</ruby>く　　できる　　運転<ruby>うんてん</ruby>する]

4 밑줄 친 부분이 맞으면 ○표 하고 틀리면 알맞게 고쳐서 ( )에 넣으세요.

① 向<ruby>む</ruby>こうから来<ruby>き</ruby>たタクシーを<u>止<ruby>と</ruby>めて</u>（→　　　　　）、乗<ruby>の</ruby>った。

② 駅<ruby>えき</ruby>に着<ruby>つ</ruby>いたら、電車<ruby>でんしゃ</ruby>はもう<u>出<ruby>だ</ruby>して</u>（→　　　　　）いた。

③ 駅<ruby>えき</ruby>へ行<ruby>い</ruby>く道<ruby>みち</ruby>がわからなかったので、歩<ruby>ある</ruby>いている人<ruby>ひと</ruby>に<u>教<ruby>おし</ruby>えられて</u>（→　　　　　）もらった。

④ 道<ruby>みち</ruby>が<u>細<ruby>こま</ruby>かくて</u>（→　　　　　）、自転車<ruby>じてんしゃ</ruby>に乗<ruby>の</ruby>るのも難<ruby>むずか</ruby>しかった。

5 { }에서 올바른 쪽을 골라 ○표 하세요.

① 安全運転のためのルールが｛ 厳しくて　　まじめで ｝、大変だ。
② ホテルに戻ろうとしたら、道に｛ 迷って　　困って ｝しまった。
③ ペットの犬が、車に｛ ひかれて　　倒れて ｝しまった。
④ 小さい子どもが自転車に｛ またがる　　止める ｝のは、難しいようだ。

6 ☐에서 단어를 골라 적당한 형태로 바꿔서 [ ] 안에 넣으세요. 각 단어는 한 번밖에 고를 수 없습니다.

| こぐ　　きく　　ひろう　　まちがえる　　のりおくれる |

入学試験の日の朝、電車に［①　　　　　］たので、タクシーを［②　　　　　］て、大学へ行くことにした。でも、道が混んでいて、自転車を［③　　　　　］でいる人のほうが速く進んでいた。そのうえ、運転手が道を［④　　　　　］てしまった。もう走った方が早いと思って、タクシーを降りて、いろいろな人に道を［⑤　　　　　］ながらやっと大学に着いた。でも、もう試験は始まっていた。

7 ( )에 들어갈 말은 무엇입니까? 1~4에서 가장 알맞은 것을 고르세요.

①「東京駅に行くなら、この駅で電車を（　　）といいですよ。」
　1 乗り換える　　2 押す　　3 変える　　4 出す
②「車は、向こうの駐車場に（　　）ください。」
　1 止めて　　2 ぶつけて　　3 運転して　　4 押して
③ 夜遅くまで仕事をしていたら、電車が（　　）しまったので、その日はホテルに泊まった。
　1 混んで　　2 迷って　　3 倒れて　　4 なくなって

5 学校
がっこう
학교

22~26

1
- に 入る(I) はい
- 入学する(III) にゅうがく
~에 들어가다, 입학하다
↕
- を 出る(II) で
- 卒業する(III) そつぎょう
~를 나오다, ~를 졸업하다

2
- に 通う(I) かよ
- 通学する(III) つうがく
~에 다니다, 통학하다

3
- を 休む(I) やす
- 欠席する(III) けっせき
~를 쉬다, 결석하다

学校
がっこう
학교
N5

4
- を サボる(I)
~를 빼먹다

5
- を やめる(II)
- 退学する(III) たいがく
~를 그만두다, 퇴학하다

6
- に 進む(I) すす
- 進学する(III) しんがく
~에 가다, 진학하다

🔔 「小学校 초등학교, 中学校 중학교, 高校 고등학교, 大学 대학」 및 기타 학교에 사용한다.

60

학교 → 학교

1	学校に{入る／入学する} ↕ 学校を{出る／卒業する}	・息子は、来年、小学校に{入る／入学する}。 아들은 내년에 초등학교에 {들어간다/입학한다}. ・学校を{出／卒業し}たら、外国で働きたい。 학교를 {나오면/졸업하면} 외국에서 일하고 싶다.
2	学校に{通う／通学する}	・バスで学校に{通っ／通学し}ている。 버스로 학교에 {다니고/통학하고} 있다.
3	学校を{休む／欠席する}	・病気で１週間、学校を{休んだ／欠席した}。 병으로 1주일간 학교를 {쉬었다/결석했다}.
4	学校をサボる	・勉強がつまらないので、学校をサボって映画を見に行った。 공부가 지루해서 학교를 빼먹고 영화를 보러 갔다.
5	学校を{やめる／退学する}	・家の都合で、学校を{やめ／退学し}て働いた。 집안 사정으로 학교를 {그만두고/퇴학(자퇴)하고} 일했다.
6	学校に{進む／進学する}	・私は今、高校３年生で、来年大学に{進む／進学する}。 나는 지금 고등학교 3학년이고 내년에 대학교에 {간다/진학한다}.

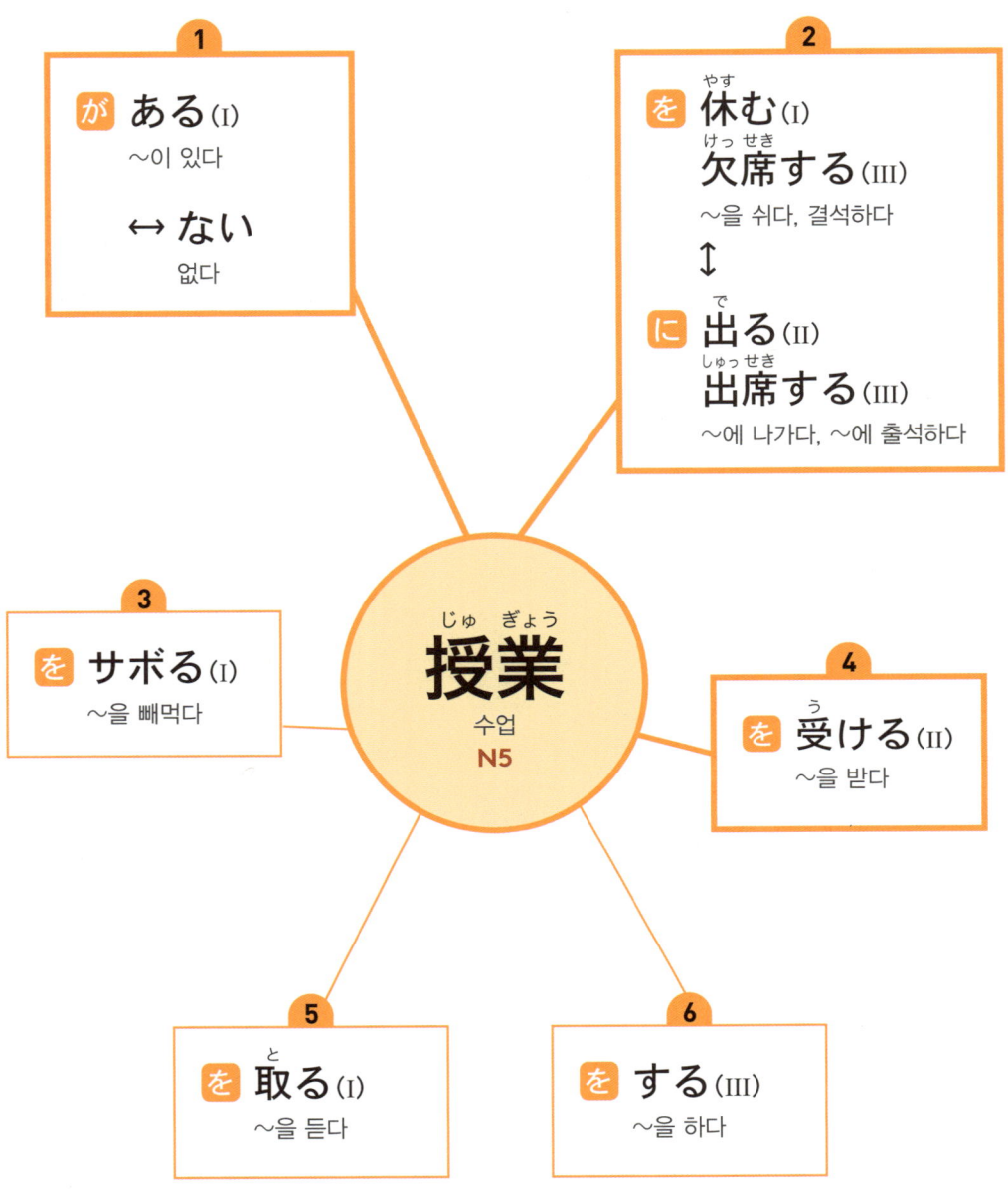

🔔 「授業 수업」은 대학에서는 「講義 강의」라고도 한다.

학교 → **수업**

1	授業がある ↔ ない	・ 私は、一日に5つ授業がある。 나는 하루에 다섯 개 수업이 있다. ・ 授業がない日は、アルバイトをしている。 수업이 없는 날은 아르바이트를 하고 있다.
2	授業を{休む／欠席する} ↕ 授業に{出る／出席する}	・ 授業を{休んだ／欠席した}ので、友だちにノートを見せてもらった。 수업을 {쉬어서/결석해서} 친구가 노트를 보여 주었다. ・ 最近、友だちはアルバイトばかりして、授業に{出／出席し}なくなった。 최근에 친구는 아르바이트만 하고 수업에 {나오지/출석하지} 않게 되었다.
3	授業をサボる	・ 友だちは、よく授業をサボって遊びに行っている。 친구는 자주 수업을 빼먹고 놀러 갔다.
4	授業を受ける	・ 学校で、週に25時間授業を受けている。 학교에서 일주일에 25시간 수업을 받고 있다.
5	授業を取る	・ 絵が好きなので、美術の授業を取っている。 그림을 좋아해서 미술 수업을 듣고 있다. ★ 「取る」는 여러 가지 수업에서 골라 듣는다는 뜻이다.
6	授業をする	・ 田中先生は、毎日3つのクラスで授業をしている。 다나카 선생님은 매일 3개의 반에서 수업을 하고 있다.

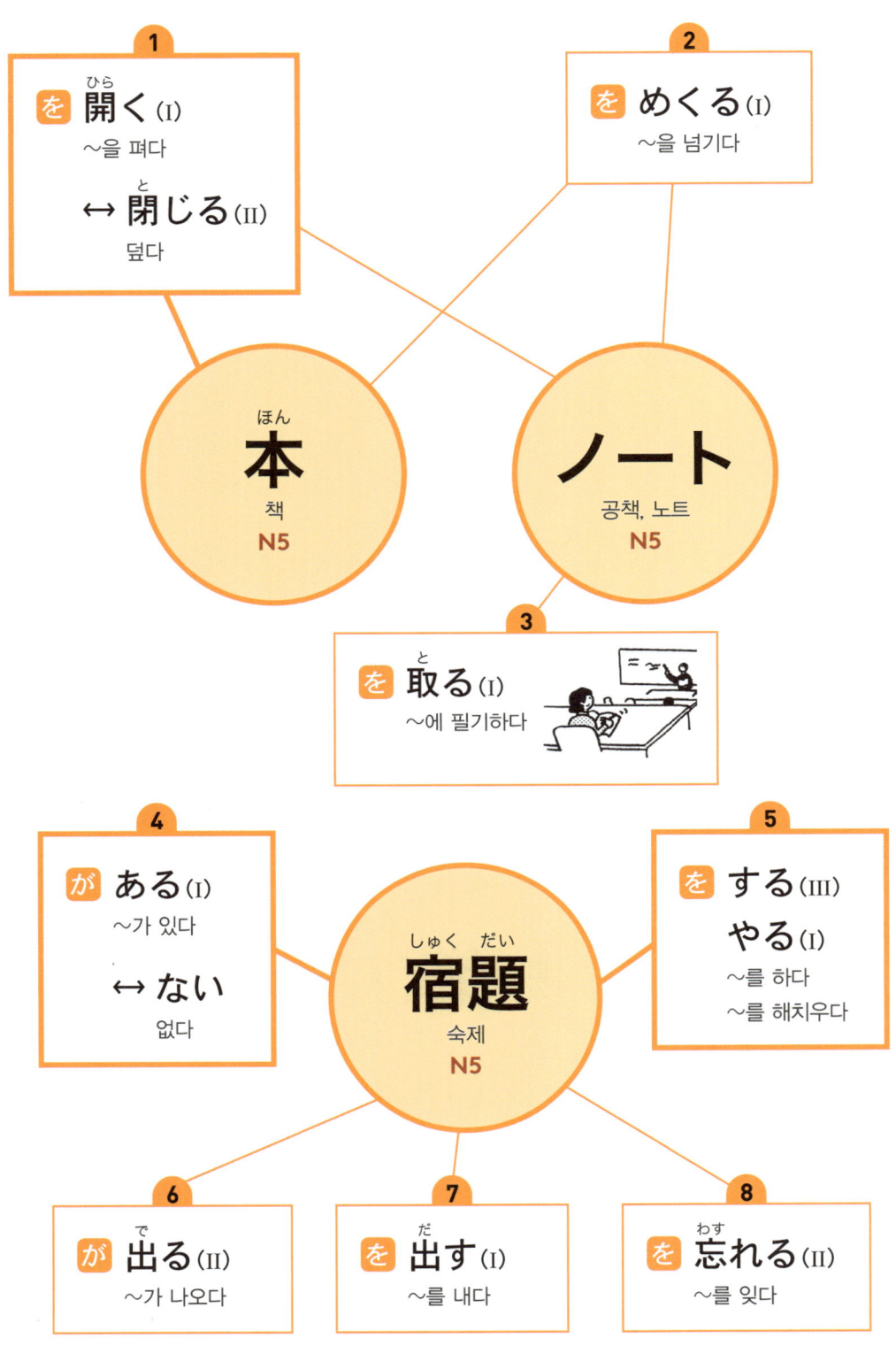

학교 → 책/공책/숙제

1	[本][ノート]を開く ↔ 閉じる	・授業の最初に、[本][ノート]を開いた。 수업 시작할 때 [책][공책]을 폈다. ・授業が終わったので、[本][ノート]を閉じた。 수업이 끝나서 [책][공책]을 덮었다.
2	[本][ノート]をめくる	・図書館の中は静かで、本をめくる音だけが聞こえる。 도서관 안은 조용하고 책장 넘기는 소리만 들린다. ・ノートをめくって、昨日授業でやったところを見た。 공책을 넘겨서 어제 수업에서 했던 부분을 보았다. ★「ページをめくる 책장을 넘기다」라는 표현도 있다.
3	ノートを取る	・授業中ノートを取らないと、内容を忘れてしまう。 수업 중에 공책에 필기하지 않으면 내용을 잊어버린다.
4	宿題がある ↔ ない	・私の学校は夏休み、冬休みは宿題があるが、春休みはない。 우리 학교는 여름 방학과 겨울 방학에는 숙제가 있지만 봄 방학에는 없다.
5	宿題を{する／やる}	・学校から帰ったら、すぐ宿題を{する／やる}。 학교에서 돌아오면 바로 숙제를 {한다/해치운다}.
6	宿題が出る	・今日は1つも宿題が出なかったので、たくさん遊べる。 오늘은 하나도 숙제가 나오지 않아서 실컷 놀 수 있다.
7	宿題を出す	・a. 先生は、いつも私たちにたくさん宿題を出す。 선생님은 항상 우리에게 많은 숙제를 내주신다. ・b. 先生に、やってきた宿題を出した。 선생님께 해 온 숙제를 냈다.
8	宿題を忘れる	・宿題を忘れて、先生に注意された。 숙제를 깜박해서 선생님께 주의를 받았다. ★ '숙제 하는 것을 잊다'와 '이미 한 숙제를 가져오는 것을 잊다'라는 두 가지 의미가 있다.

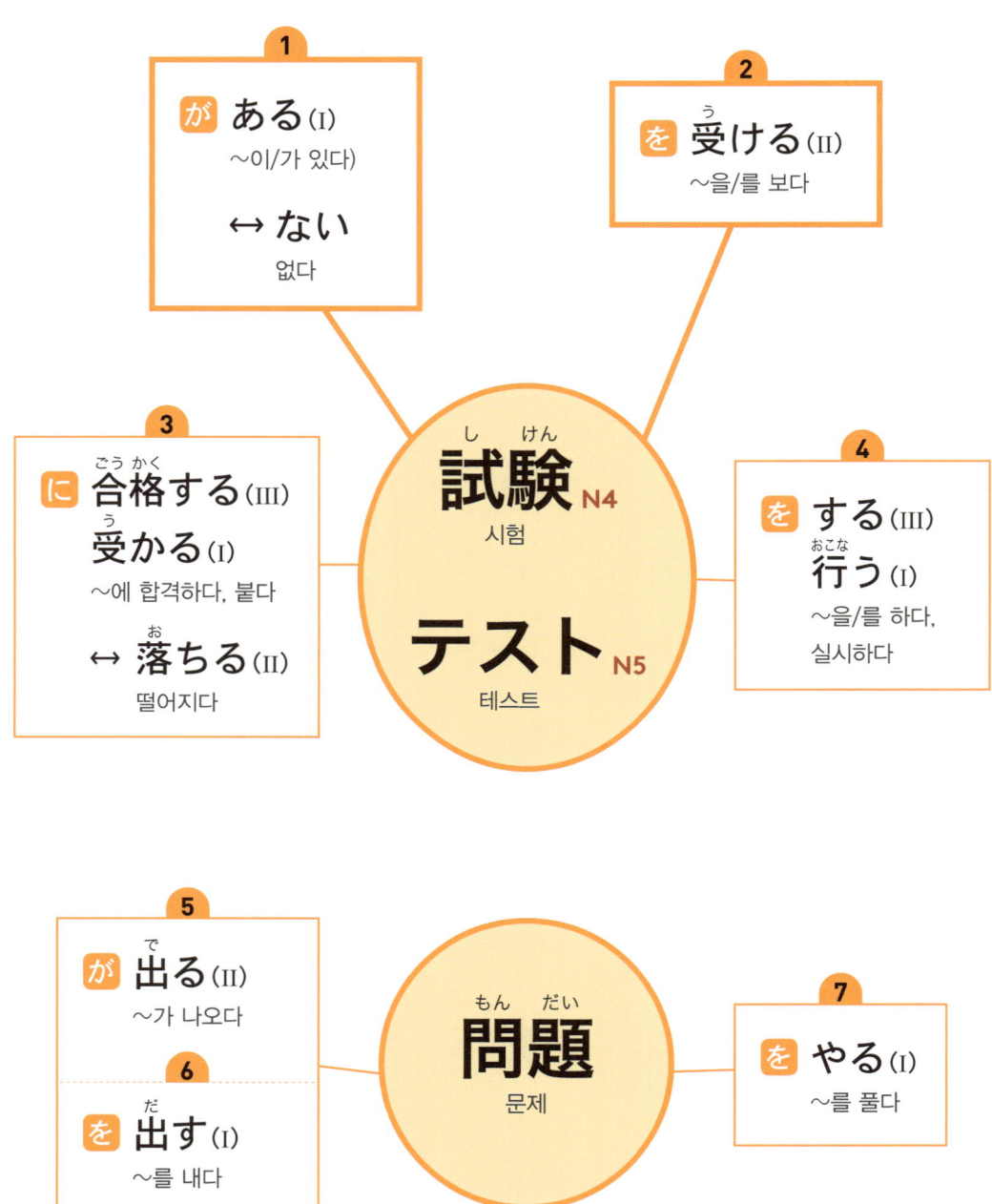

학교 → **시험 / 테스트 / 문제**

1	{試験／テスト} **がある** ↔ **ない**	• 明日、数学の{試験／テスト}**が**ある。 내일 수학 {시험/테스트}이/가 있다. • 大学には、入学試験**が**ないところもある。 대학에 따라 입학시험이 없는 곳도 있다. ★「試験 시험」은「テスト 테스트」보다 규모가 큰 것이 많다.
2	{試験／テスト} **を受ける**	• 学校では学期に何回か{試験／テスト}**を**受ける。 학교에서는 학기에 몇 차례 {시험/테스트}을/를 본다.
3	{試験／テスト} **に{合格する／受かる}** ↔ **落ちる**	• 入学試験**に**{合格し／受かっ}て、大学に行くことが決まった。 입학시험에 {합격해서/붙어서} 대학에 가는 것이 정해졌다. ★「通る 통과하다」또는「パスする 패스하다」라는 동사를 쓰기도 한다. ★ 입학을 위한 시험은「入試 입시」라고도 한다. • {試験／テスト}**に**落ちたので、もう一度受けることにした。 {시험/테스트}에 떨어져서 한 번 더 보기로 했다. ★「不合格だった 불합격했다」,「不合格になった 불합격됐다」라는 표현도 있다. 不合格する (×)
4	{試験／テスト} **を{する／行う}**	• 鈴木先生は、授業の前にいつも漢字のテスト**を**{する／行う}。 스즈키 선생님은 수업 전에 항상 한자 테스트를 {한다/실시한다}. ★「行う 행하다」는「する」보다 딱딱한 말투이다.
5	問題**が出る**	• 教科書で勉強した中から、試験の問題**が**出た。 교과서에서 공부한 것 중에서 시험 문제가 나왔다.
6	問題**を出す**	• 山田先生は、いつもテストに難しい問題**を**出す。 야마다 선생님은 항상 시험에 어려운 문제를 낸다.
7	問題**をやる**	• 試験の時間が短いので、急いで問題**を**やった。 시험 시간이 짧아서 서둘러 문제를 풀었다.

成績
성적
N3

1 が いい
～이 좋다
↔ 悪い
나쁘다

2 が 上がる(I)
～이 오르다
↔ 下がる(I)
落ちる(II)
내려가다, 떨어지다

3 が 伸びる(II)
～이 향상되다

4 を 取る(I)
～을 받다

5 が つく(I)
～이 붙다(나오다)

6 を つける(II)
～을 매기다

7 が 出る(II)
～이 나오다

8 を 出す(I)
～을 내다

 「テスト 테스트」 등의 점수에도 사용한다.

학교 → 성적

1 成績がいい
↔ 悪い

- テストは難しかったが、思ったより成績が良かった。
  시험은 어려웠지만 생각보다 성적이 좋았다.
- この学期はあまり勉強しなかったので、成績が悪かった。
  이번 학기는 별로 공부하지 않아서 성적이 나빴다.

2 成績が上がる
↔ {下がる／落ちる}

- この学期は、前の学期より成績が上がってうれしかった。
  이번 학기는 지난 학기보다 성적이 올라서 기뻤다.
- 去年より成績が {下がっ／落ち} てしまった。
  작년보다 성적이 {내려가고/떨어지고} 말았다.
- ★ 「アップする 업되다 ↔ ダウンする 다운되다」라는 동사를 쓰기도 한다.

3 成績が伸びる

- がんばって勉強したら、だんだん成績が伸びてきた。
  열심히 공부했더니 점점 성적이 향상되었다.

4 ～成績を取る

- 努力したおかげで、いい成績を取ることができた。
  노력한 덕분에 좋은 성적을 받을 수 있었다.

5 成績がつく

- テストが良かったので、今学期は成績がつくのが楽しみだ。
  시험이 좋았기 때문에 이번 학기는 성적이 나오는 것이 기대된다.

6 成績をつける

- 先生は、学期の最後に学生の成績をつける。
  선생님은 학기 마지막에 학생의 성적을 매긴다.

7 成績が出る

- テストが終わって1週間後に、成績が出た。
  시험이 끝나고 1주일 후에 성적이 나왔다.

8 成績を出す

- 先生は、出席日数もみて成績を出す。
  선생님은 출석 일수도 보고 성적을 낸다.

5 学校　확인문제

1　( )에 조사를 넣고 오른쪽 ___에는 밑줄 친 부분과 같은 의미가 되는 말을 넣으세요. 오른쪽 ___에 들어갈 단어는 제시된 히라가나로 시작하세요.

① 学校（　）入学する　　　　= は_____
② 学校（　）進学する　　　　= す_____
③ 学校（　）通学する　　　　= か_____
④ 学校（　）卒業する　　　　= で_____
⑤ 学校（　）退学する　　　　= や_____
⑥ 授業（　）出席する　　　　= で_____
⑦ {授業／学校}（　）欠席する　= や_____
⑧ 試験（　）合格する　　　　= う_____

2　함께 쓸 수 있는 말을 [ ]에서 모두 골라 ○표 하세요.
① 先生が［授業　宿題　試験　問題　成績］をする。
② 生徒が［授業　宿題　試験　問題　成績］を受ける。
③ 先生が［授業　宿題　試験　問題　成績］を出す。
④ 生徒が［宿題　問題　成績］をやる。
⑤ 先生が［授業　問題　成績］をつける。

3　{ }에서 올바른 쪽을 골라 ○표 하세요.
① この前のテストで、いい成績を { 出た　取った }。
② 今日、先週のテストの成績が { 出た　取れた }。
③ この学期は、前の学期より成績が { 上がった　高くなった }。
④ 一生懸命勉強したら、だんだん成績が { 伸びて　進んで } きた。

4 올바른 문장이 되도록 왼쪽과 오른쪽의 말을 선으로 연결하세요.

① 昨日、英語のテストが　　　　　　・　　　　　・サボった。
② テストでとても難しい問題が　　　・　　　　　・なかった。
③ 友だちは、数学が嫌で授業を　　　・　　　　　・あった。
④ 大学で、自分の好きな授業を　　　・　　　　　・出た。
⑤ 授業が終わったので、本を　　　　・　　　　　・閉じた。
⑥ 昨日は、大学のイベントで授業が　・　　　　　・取った。

5 ☐에서 단어를 골라 적당한 형태로 바꿔서 [　] 안에 넣으세요. 각 단어는 한 번밖에 고를 수 없습니다.

| ある　　つく　　でる　　だす　　めくる　　ひらく |

今日、宿題が［①　　　　　］のをすっかり忘れて遊んでいたら、夜遅く、友だちから電話で「たくさん宿題が［②　　　　　］ているよ。」と言われた。あわててメモを見たら、本当にたくさんで驚いた。すぐに本とノートを［③　　　　　］て、すごいスピードで［④　　　　　］ながら、宿題をしていった。悪い成績が［⑤　　　　　］のが嫌なので、がんばった。そして、次の日、ちゃんと宿題を［⑥　　　　　］ことができた。

6 (　)에 들어갈 말은 무엇입니까? 1~4에서 가장 알맞은 것을 고르세요.

① 授業中、ノートを（　　）ながら、先生の話を聞いた。
　　1 し　　　　2 メモし　　　3 取り　　　4 表し

② 今学期は、前の学期より成績が（　　）しまった。
　　1 押して　　2 引いて　　　3 下りて　　4 落ちて

③ 入学試験に（　　）ので、来年もう一度受けることにした。
　　1 落ちた　　2 下がった　　3 ダウンした　4 不合格した

6 仕事(しごと)
일

27~29

仕事 (しごと) 일 N5

1. を する (III) ~을 하다
2. が ある (I) ~이 있다 ↔ ない 없다
3. を 休(やす)む (I) ~을 쉬다
4. を やめる (II) ~을 그만두다
5. を 変(か)える (II) ~을 바꾸다
6. を 探(さが)す (I) ~을 찾다
7. を 見(み)つける (II) ~을 구하다, 찾아내다
8. が 見(み)つかる (I) ~이 구해지다
9. が 決(き)まる (I) ~이 결정되다
10. に つく (I) (직업을) 가지다

🔔 10을 제외한 나머지는 아르바이트에도 사용한다.

일 → 일

1	仕事をする	毎日、午前9時から午後6時まで仕事をしている。 매일 오전 9시부터 오후 6시까지 일을 하고 있다.
2	仕事がある ↔ ない	私も夫も仕事があるので、家事は二人で分けてやっている。 나도 남편도 일을 하고 있어서 집안일은 둘이서 나누어 하고 있다. 今、仕事がないので、あまりお金を使えない。 지금 일이 없기 때문에 별로 돈을 쓸 수 없다.
3	仕事を休む	ひどいかぜをひいて、仕事を休んだ。 심한 감기에 걸려서 일을 쉬었다.
4	仕事をやめる	留学して勉強したかったので、5年続けた仕事をやめた。 유학 가서 공부하고 싶어서 5년 동안 계속하던 일을 그만두었다.
5	仕事を変える	自分に合わないと思うので、仕事を変えて、別の仕事をしたい。 나에게 맞지 않는다는 생각이 들어서 직업을 바꾸고 다른 일을 하고 싶다.
6	仕事を探す	最近は、いろいろな方法で仕事を探すことができる。 요즘은 여러 가지 방법으로 일을 찾을 수 있다.
7	仕事を見つける	インターネットでいい仕事を見つけて、面接に行った。 인터넷에서 좋은 일자리를 찾아서 면접을 보러 갔다.
8	仕事が見つかる	いろいろ探しているが、なかなか自分に合う仕事が見つからない。 여러 가지로 찾고 있지만 좀처럼 나에게 맞는 일이 구해지지 않는다.
9	仕事が決まる	面接に合格して、仕事が決まった。来週から働く予定だ。 면접에 합격해서 일(직장)이 결정되었다. 다음 주부터 일할 예정이다.
10	仕事につく	4月に入社して、5月から仕事につくことになっている。 4월에 입사해서 5월부터 근무하게 되었다.

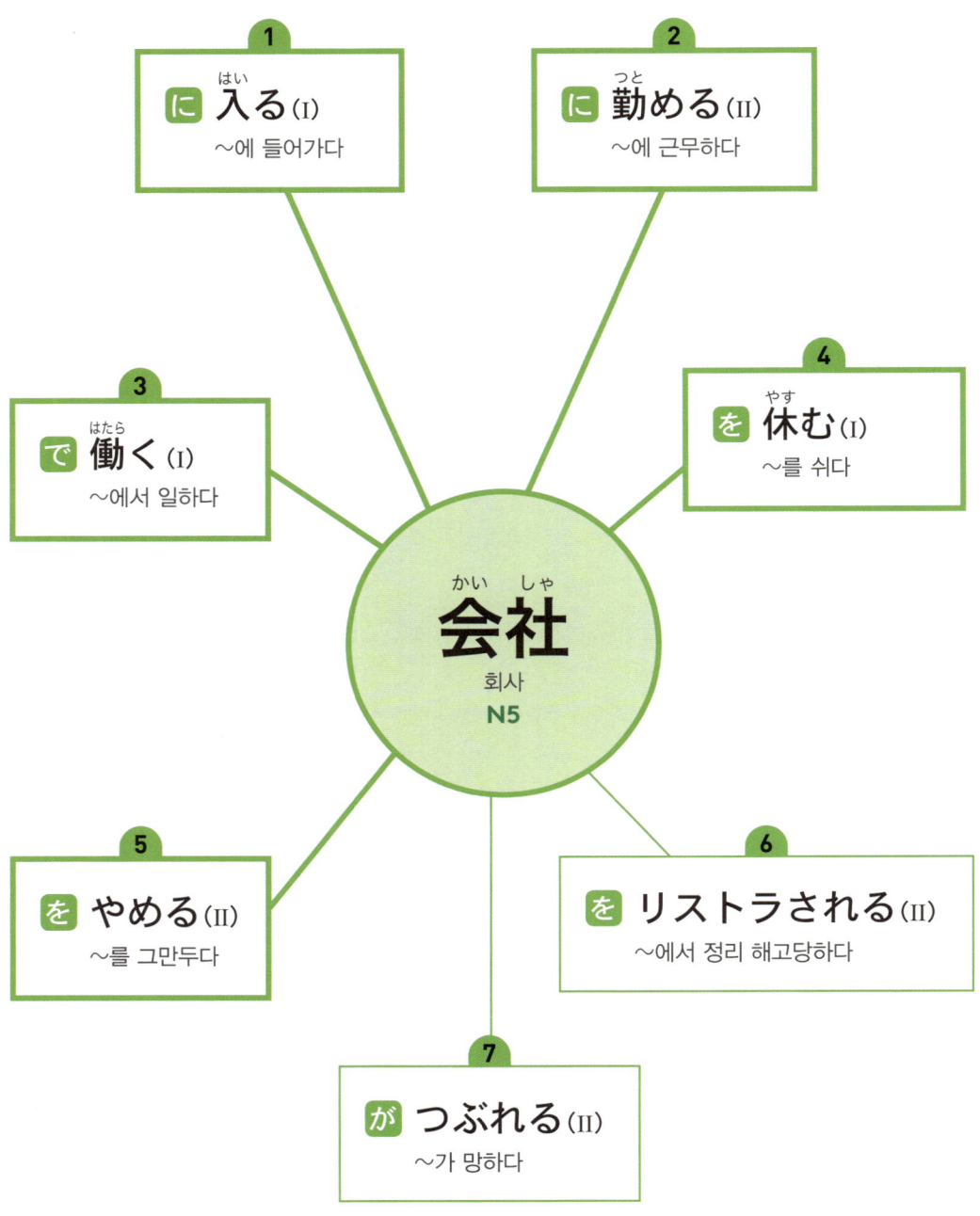

🔔 1~4는 회사 이외의 다른 업무 장소(학교, 병원, 호텔 등) 또는 회사 이름에도 사용된다.

일 → 회사

1	**会社に入る**	• 今年の春、若い社員が20人会社に入った。 올해 봄 젊은 사원 20명이 회사에 들어왔다. ★「入社する 입사하다」라고도 한다.
2	**会社に勤める**	• 姉は、大学を出て3年留学した後、会社に勤めた。 언니(누나)는 대학을 나와 3년 유학한 뒤 회사에 근무했다.
3	**会社で働く**	• 兄は、エンジニアとして自動車の会社で働いている。 오빠는(형은) 엔지니어로 자동차 회사에서 일하고 있다.
4	**会社を休む**	• 子どもが生まれたとき、1年間会社を休んだ。 아이가 태어났을 때 1년간 회사를 쉬었다.
5	**会社をやめる**	• 友だちは、10年勤めた会社をやめて、自分の会社を作った。 친구는 10년간 다니던 회사를 그만두고 자기 회사를 차렸다.
6	**会社をリストラされる**	• 会社をリストラされて、今、仕事がない。 회사에서 정리 해고 당해서 지금 무직이다. ★「リストラする 정리 해고 하다」의 수동형 ★「会社をくびになる 회사에서 잘리다」라는 표현도 있다.
7	**会社がつぶれる**	• 商品が全然売れなくなって、会社がつぶれてしまった。 상품이 전혀 팔리지 않게 되어서 회사가 파산해 버렸다.

給料
급여, 급료
N3

1 を もらう(I) 〜를 받다

2 を 払(はら)う(I) 〜를 주다

3 が 出(で)る(II) 〜가 나오다

4 が 入(はい)る(I) 〜가 들어오다

5 が 上(あ)がる(I) 〜가 오르다
↔ 下(さ)がる(I) 내리다

6 が 高(たか)い 〜가 높다
↔ 安(やす)い / 低(ひく)い 적다, 낮다

7 が 多(おお)い 〜가 많다
↔ 少(すく)ない 적다

8 が いい 〜가 좋다
↔ 悪(わる)い 나쁘다

일 → 급여

1	給料をもらう	・1か月に20万円給料をもらっている。 한 달에 20만 엔 급여를 받고 있다.
2	給料を払う	・経営が悪くなって、会社は社員に給料を払えなくなった。 경영이 악화되어 회사는 사원에게 급여를 줄 수 없게 되었다.
3	給料が出る	・うちの会社は、毎月15日に給料が出る。 우리 회사는 매달 15일에 급여가 나온다.
4	給料が入る	・今日は給料が入ったから、帰りに友だちとおいしいものを食べに行こう。 오늘은 급여가 들어왔으니 귀갓길에 친구와 맛있는 것을 먹으러 가자.
5	給料が上がる ↔ 下がる	・去年よりも5000円給料が上がって、喜んでいる。 작년보다도 5000엔 급여가 올라서 기뻐하고 있다. ・仕事の成績が悪くて、給料が下がってしまった。 업무 실적이 나빠서 급여가 내려가고 말았다.
6	給料が高い ↔ {安い／低い}	・有名な企業は、普通、給料が高い。 유명한 기업은 보통 급여가 높다. ・大変なのに給料が{安い／低い}仕事は、人気がない。 힘은 드는데 급여가 {적은/낮은} 일은 인기가 없다.
7	給料が多い ↔ 少ない	・残業をたくさんすれば給料が多くなるが、体にはよくない。 야근을 많이 하면 급여가 많아지지만 건강에는 좋지 않다. ・今月はアルバイトの時間が短くて、給料が少ない。 이번 달은 아르바이트 시간이 짧아서 급여가 적다.
8	給料がいい ↔ 悪い	・今、給料がいい仕事を探している。 지금 급여가 괜찮은 일을 찾고 있다. ・うちの会社は給料が悪いので、すぐに人がやめてしまう。 우리 회사는 급여가 나빠서 금방 사람이 그만둬 버린다.

仕事 　　　　　　　확인문제

1 ①～③의 반대말을 넣으세요.

給料が	① 高い ↔
	② 多い ↔
	③ 上がる ↔

2 ＿＿＿＿에 「仕事」나 「会社」 중 하나를 넣고, (　)에는 조사를 넣으세요. 두 단어가 모두 다 들어가는 경우도 있습니다.

① ＿＿＿＿＿＿＿＿＿＿（　）決まる
② ＿＿＿＿＿＿＿＿＿＿（　）勤める
③ ＿＿＿＿＿＿＿＿＿＿（　）働く
④ ＿＿＿＿＿＿＿＿＿＿（　）休む
⑤ ＿＿＿＿＿＿＿＿＿＿（　）やめる

3 올바른 문장이 되도록 왼쪽과 오른쪽의 말을 선으로 연결하세요.

① 学校で教師の仕事を　　・　　　・入る。
② 現在、私は仕事が　　　・　　　・している。
③ 毎月15日に給料が　　　・　　　・働いている。
④ 今、生活に十分な給料を・　　　・ある。
⑤ 姉は薬の会社で　　　　・　　　・もらっている。

4 { }에서 올바른 쪽을 골라 ○표 하세요.

① 大学を卒業して、今年の4月に会社に { 入った　ついた }。
② 5月から仕事に { 入る　つく } ことになっている。
③ やりたいことができなかったので、仕事を { 出た　変えた }。
④ 会社を { つぶれて　リストラされて }、仕事をなくしてしまった。
⑤ 私の会社は、子どもが生まれたら、男性も仕事を { 探せる　休める }。

5 ☐에서 단어를 골라 적당한 형태로 바꿔서 [ ] 안에 넣으세요. 각 단어는 한 번밖에 고를 수 없습니다.

いい　ない　でる　あがる　きまる　つとめる　つぶれる

今日、給料が［①　　　　］た。前の会社には、10年［②　　　　］たが、去年［③　　　　］てしまった。それから、いろいろな会社へ面接に行った。しばらく仕事が［④　　　　］たので、生活が苦しかった。でも、今年、とうとう新しい仕事が［⑤　　　　］た。新しい会社は給料も［⑥　　　　］し、毎年給料が［⑦　　　　］ていくので、安心だ。とても働きやすいし、この会社に来てよかったと思う。

6 ( )에 들어갈 말은 무엇입니까? 1～4에서 가장 알맞은 것을 고르세요.

① 仕事をいろいろ（a　　　）、いい仕事が（b　　　）。
　a) 1 探したら　　2 訪ねたら　　3 見つけたら　　4 見つかったら
　b) 1 発見した　　2 出会った　　3 見つけた　　　4 見つかった
② 会社は、社員に給料とボーナスを（　　　）いる。
　　1 あげて　　　2 くれて　　　3 払って　　　　4 貸して

❼ お金・買い物
돈　　쇼핑

30~33

お金(1)
돈
N5

1 が ある(I) ~이 있다 ↔ ない 없다

2 を 払う(I) ~을 지불하다

3 を 借りる(II) ~을 빌리다 ↔ 貸す(I) 빌려주다

4 を 返す(I) ~을 갚다

5 が 足りる(II) ~이 충분하다

6 を 下ろす(I) ~을 찾다, 인출하다

7 を 換える(II) ~을 바꾸다

돈·쇼핑 → 돈(1)

1 お金がある ↔ ない

- アルバイトでもらったお金が 5万円あるから、どこかへ旅行に行きたい。
  아르바이트로 받은 돈 5만 엔이 있으니까 어딘가로 여행을 가고 싶다.
- 買い物に行ったら、財布の中にお金がなかった。
  쇼핑하러 갔는데 지갑 안에 돈이 없었다.

2 お金を払う

- 本をレジへ持って行って、お金を払った。
  책을 계산대에 가지고 가서 돈을 지불했다.
- ★ 상대방을 언급할 때는 「～にお金を払う ~에게 돈을 지불하다」라고 한다.
  예) 旅行をキャンセルして、旅行会社にお金を払った。
  여행을 취소하고 여행사에 돈을 지불했다.

3 お金を借りる ↔ 貸す

- 親{に／から}お金を借りて、車を買った。
  부모님{에게/으로부터} 돈을 빌려서 자동차를 구입했다.
- 車を買うのに、親が私にお金を貸してくれた。
  차를 사는 데 부모님이 나에게 돈을 빌려주었다.

4 お金を返す

- 友だちから借りたお金を、すぐに返した。
  친구에게 빌린 돈을 곧바로 갚았다.
- ★ 상대방을 언급할 때는 「～にお金を返す ~에게 돈을 갚다」라고 한다.

5 お金が足りる

- レストランでお金が足りなかったので、友だちに借りた。
  레스토랑에서 돈이 부족해서 친구에게 빌렸다.

6 お金を下ろす

- 銀行{で／から} 30万円お金を下ろした。
  은행{에서/으로부터} 30만 엔을 인출했다.
- ★ ATM(현금자동인출기)을 사용할 때에도 쓴다.

7 お金を換える

- 銀行だけでなく、空港やホテルでもお金を換えることができる。
  은행뿐만 아니라 공항이나 호텔에서도 환전할 수 있다.

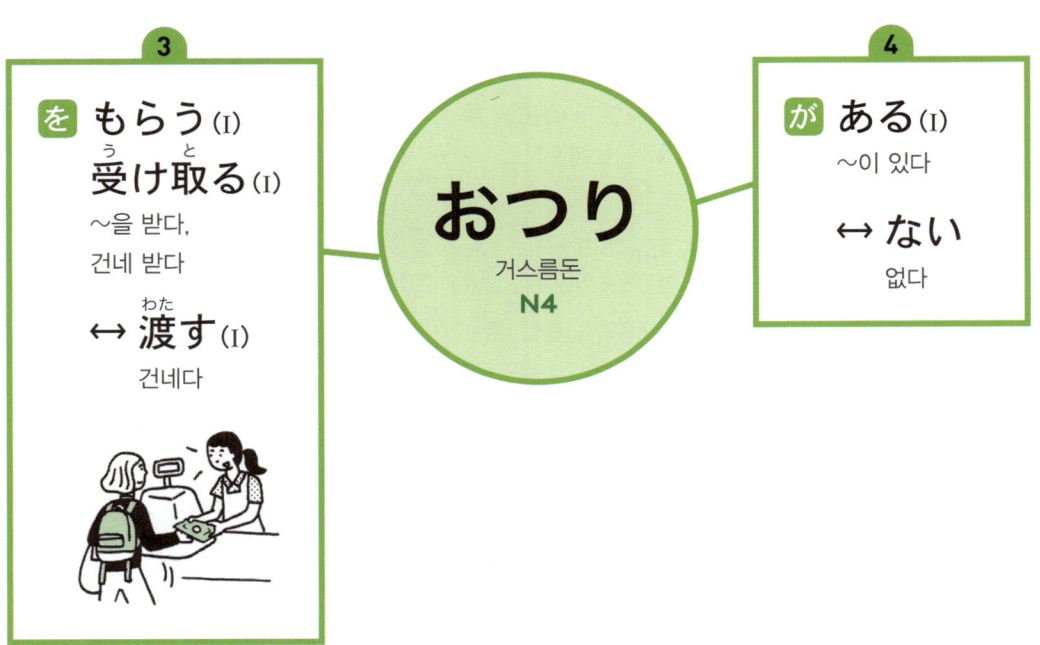

돈 · 쇼핑 → 가격/거스름돈

1 値段が高い
↔ 安い

- デパートの食品は、スーパーの食品より値段が高い。
  백화점 식품은 슈퍼의 식품보다 가격이 비싸다.

- 今日はセールで、どの商品も値段が安くなっている。
  오늘은 세일을 해서 모든 상품의 가격이 저렴하다.

2 値段が上がる
↔ 下がる

- このごろ、野菜の値段が上がって、どの野菜も高くなった。
  요즘 채소 값이 올라서 채소가 모두 비싸졌다.

- 欲しかったパソコンの値段が下がったので、買うことにした。
  갖고 싶었던 컴퓨터의 가격이 내려서 사기로 했다.

3 おつりを{もらう／受け取る}
↔ 渡す

- 1200円のお菓子を買うのに、2000円出して800円おつりを{もらっ／受け取っ}た。
  1200엔짜리 과자를 사는 데 2000엔을 내고 800엔 거스름돈을 {받았다/건네 받았다}.

- ★ 상대방을 언급할 때는「〜からおつりを{もらう／受け取る}」~로부터 거스름돈을 {받다/건네받다}」라고 한다.
  예) レジの人からおつりをもらった。 계산원으로부터 거스름돈을 받았다.

- レジの人が、お客さんにおつりを渡した。
  계산원이 손님에게 거스름돈을 건넸다.

4 おつりがある
↔ ない

- 「この前借りた500円を返します。1000円でおつりがありますか。」「大丈夫ですよ。」
  '일전에 빌린 500엔을 갚겠습니다. 1000엔인데 거스름돈이 있어요?'
  '괜찮습니다.'

- 「パーティーのお金は一人4000円です。おつりがないので、みなさん1000円札で用意してください。」
  "파티 참가비는 1인당 4000엔입니다. 잔돈이 없으니까 모두 1000엔짜리로 준비해 주세요."

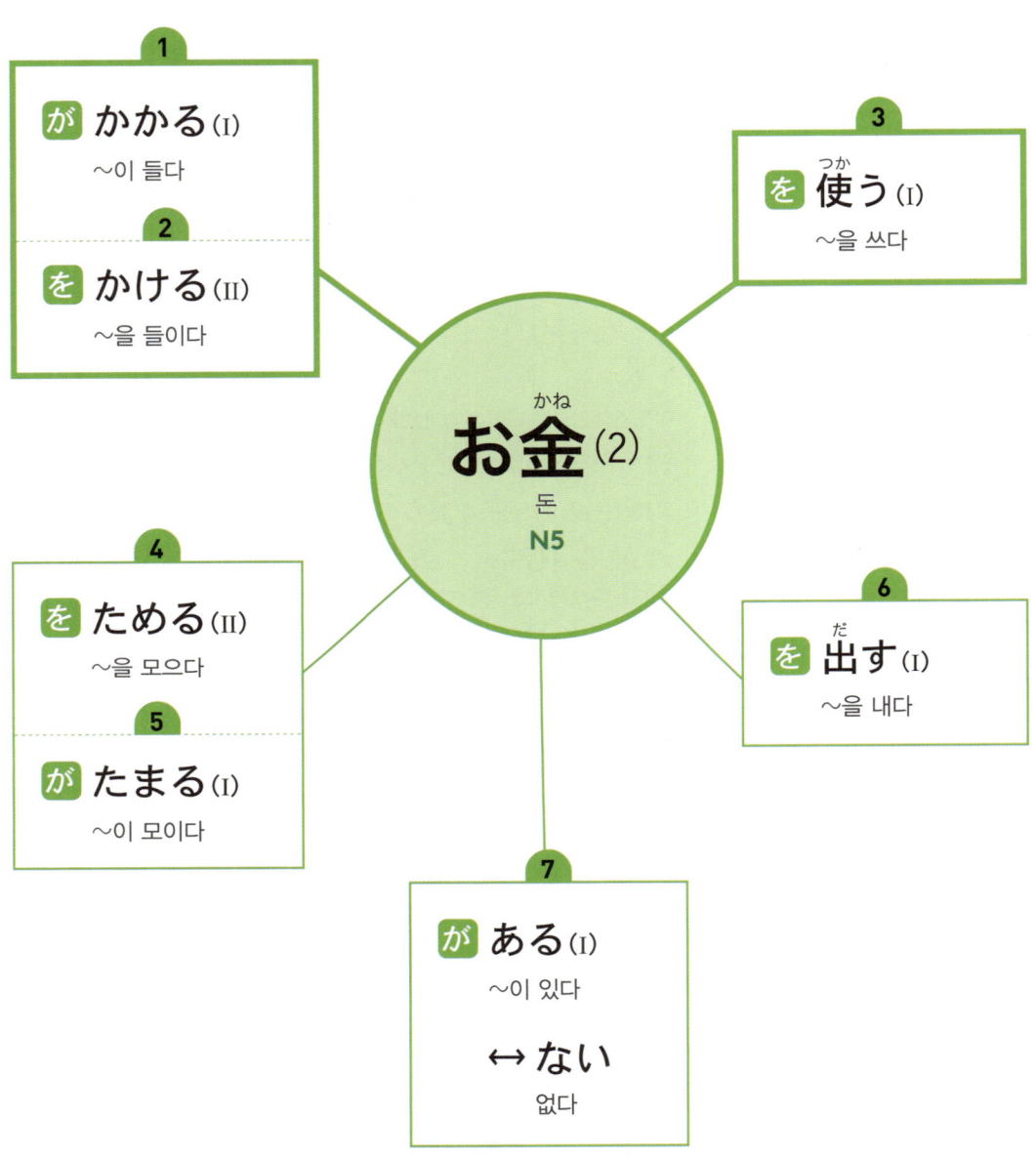

돈·쇼핑 → 돈(2)

1 お金がかかる
- 留学にはお金がかかるから、まず働いてから考えようと思う。
  유학하려면 돈이 들기 때문에 우선 일하고 나서 생각하려고 한다.

2 お金をかける
- 私の親は、子どもの教育にお金をかけている。
  우리 부모님은 자식 교육에 돈을 들이고 있다.

3 お金を使う
- 家を建てるために、たくさんお金を使った。
  집을 짓기 위해서 많은 돈을 썼다.

★ 목적을 말할 때는 조사「〜に」를 쓴다.

예) 妹は、趣味の旅行にお金を使っている。
  여동생은 취미인 여행에 돈을 쓰고 있다.

4 お金をためる
- 将来結婚するときのために、お金をためている。
  장래 결혼할 때를 위해서 돈을 모으고 있다.

5 お金がたまる
- 毎月きちんと貯金をしたら、お金がたまっていった。
  매달 꼬박꼬박 저금을 했더니 돈이 쌓여 갔다.

6 お金を出す
- 留学するのに、親がお金を出してくれた。
  유학하는 데 부모님이 돈을 내주었다.

7 お金がある ↔ ない
- 昨日、給料が入ったので、今じゅうぶんお金がある。
  어제 급여가 들어왔기 때문에 지금 충분히 돈이 있다.
- 今、給料日前で、あまりお金がない。
  지금 급여 전날이라서 별로 돈이 없다.

★「お金がある 돈이 있다 ↔ ない 없다」에는「お金持ちだ 부자다 ↔ 貧しい 가난하다」라는 뜻도 있다.

예) お金があれば必ず幸せになるとは言えない。
  돈이 있으면 반드시 행복해진다고는 말할 수 없다.

예) 父は学生のとき、お金がなくていろいろなアルバイトをやったそうだ。 아버지는 학창 시절 돈이 없어서 여러 가지 아르바이트를 했다고 한다.

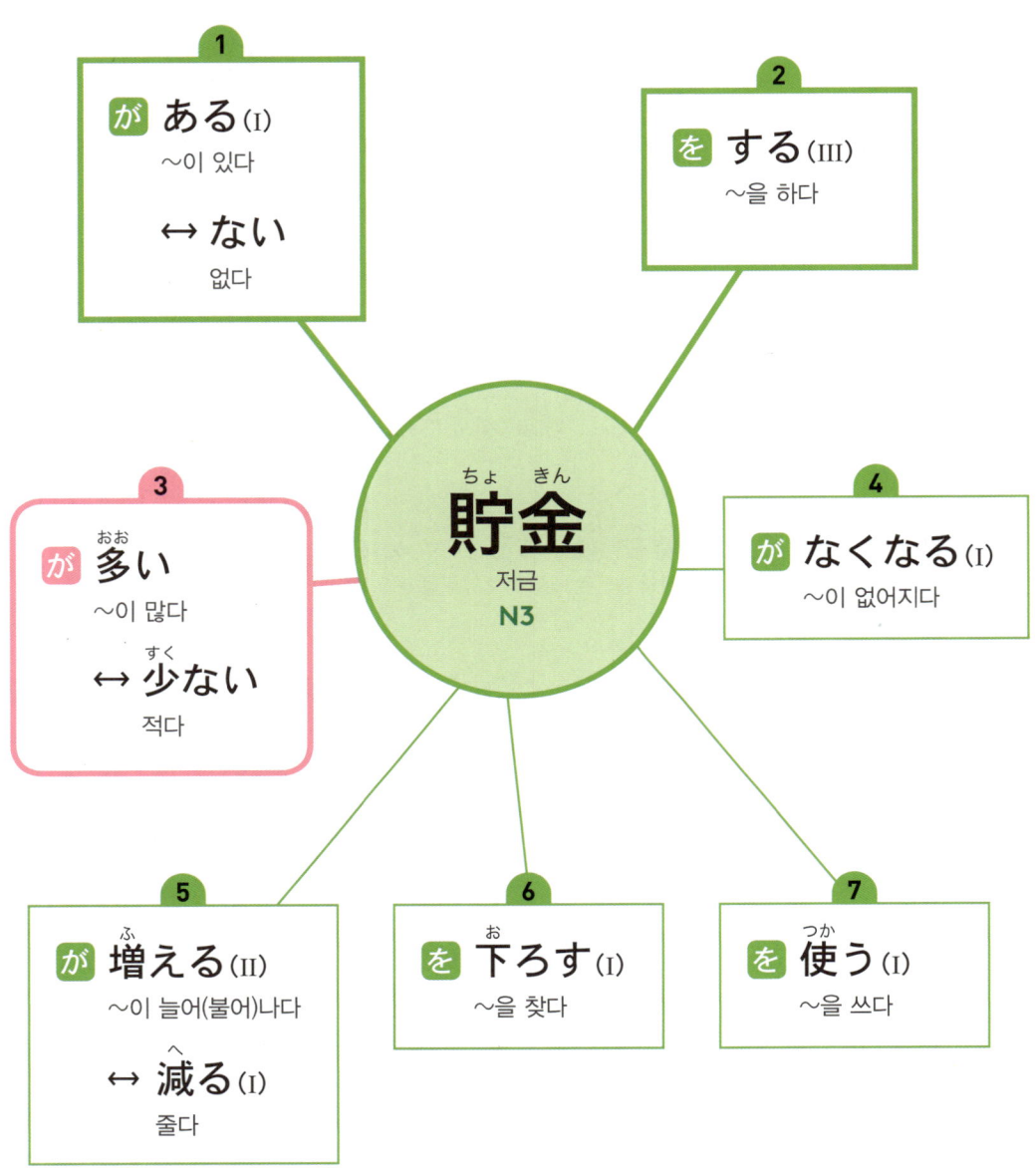

돈 · 쇼핑 → 저금

1	貯金がある ↔ない	・今、100万円貯金がある。 지금 저금이 100만 엔 있다. ・働き始めたばかりなので、まだほとんど貯金がない。 일하기 시작한 지 얼마 되지 않아서 아직 거의 저금이 없다.
2	貯金をする	・毎月、給料をもらったら、必ず貯金をしている。 매달 월급을 받으면 반드시 저금을 하고 있다.
3	貯金が多い ↔少ない	・弟はまだ中学生なのに、大学生の私より貯金が多い。 남동생은 아직 중학생인데 대학생인 나보다 저금이 많다. ・まだ貯金が少ないので、がんばってためている。 아직 저금이 적어서 열심히 모으고 있다.
4	貯金がなくなる	・車を買ったら、貯金がなくなってしまった。 차를 샀더니 저금이 없어져 버렸다.
5	貯金が増える ↔減る	・まじめにお金をためていたら、知らない間に貯金が増えていた。 성실하게 돈을 모으고 있었더니 나도 모르는 사이에 저금이 늘어 있었다 ・仕事が見つからないので、どんどん貯金が減っていって心配だ。 일이 구해지지 않아 점점 저금이 줄고 있어서 걱정이다.
6	貯金を下ろす	・引っ越しするために、少し貯金を下ろした。 이사하기 위해 저금을 조금 찾았다.
7	貯金を使う	・パソコンを買うとき、貯金を使った。 컴퓨터를 살 때 저금을 썼다.

７ お金・買い物　　확인문제

1 「〜がある ↔ 〜がない」의 형태로 쓸 수 있는 말을 모두 찾아 ○표 하세요.

> お金（かね）　値段（ねだん）　おつり　貯金（ちょきん）

2 ☐에서 단어를 하나 골라 (　) 안에 넣으세요.

> お金（かね）　値段（ねだん）　おつり　貯金（ちょきん）

① 1000円払うように言われて5000円渡したら、「(　　　　)がない。」と言われた。
② さいふを忘れて、(　　　　)がないので、買い物ができなかった。
③ スーパーの野菜は、デパートの野菜より(　　　　)が安い。
④ 結婚の準備のために、(　　　　)をしている。

3 ①〜③은 왼쪽과 오른쪽이 반대의 의미가 되고, ④〜⑤는 위와 아래가 같은 의미가 되도록 ＿＿＿에 단어를 넣으세요. (　)에는 조사를 넣으세요.

① 野菜の値段（　）上がる ↔ ＿＿＿＿＿＿
② 貯金（　）増える ↔ ＿＿＿＿＿＿
③ お金を借りる ↔ （借りた）お金（　　）＿＿＿＿＿＿
④ Aさんが、Bさん（a.　　）お金を借りる
　＝ Bさんが、Aさん（b.　　）お金を＿＿＿＿＿＿
⑤ 店員が、客（a.　　）おつりを＿＿＿＿＿＿
　＝ 客が、店員（b.　　）おつりを受け取る

4 { }에서 올바른 쪽을 골라 ○표 하세요.
① がんばって貯金したら、お金が300万円 { ためた たまった }。
② 貯金を使っていたら、どんどん { 低く 少なく } なってきた。
③ 親に留学のお金を { 出して かけて } もらった。
④ 姉は趣味のスキーにお金を { かけて かかって } いる。
⑤ 日本へ来たとき、銀行でお金を「円」に { 借りた 換えた }。

5 □에서 단어를 골라 적당한 형태로 바꿔서 [ ] 안에 넣으세요. 각 단어는 한 번밖에 고를 수 없습니다.

| たかい　　はらう　　たりる　　つかう |

スマホが壊れたので、電気店へ新しいのを買いに行った。店を探していると、いいスマホがあった。4万円用意していたが4万8000円で8000円 [①　　　　] ない。そこで、銀行へ行ってATMから引き出した。貯金を [②　　　　] てお金を [③　　　　] のは嫌だったが、とてもいいスマホだったので、どうしても欲しかった。少し [④　　　　] たけれど、買ってよかったと思う。

6 ( )에 들어갈 말은 무엇입니까? 1~4에서 가장 알맞은 것을 그르세요.
① 将来のために一生懸命働いて、お金を（　　）いる。
　1 ためて　　　2 払って　　　3 集めて　　　4 出して
② 家を建てるのは、お金が（　　）。
　1 足りる　　　2 かかる　　　3 つける　　　4 取られる
③ 旅行のために、銀行で少しお金を（　　）。
　1 かけた　　　2 入れた　　　3 下ろした　　　4 使った

8 情報・通信
정보 통신

34~40

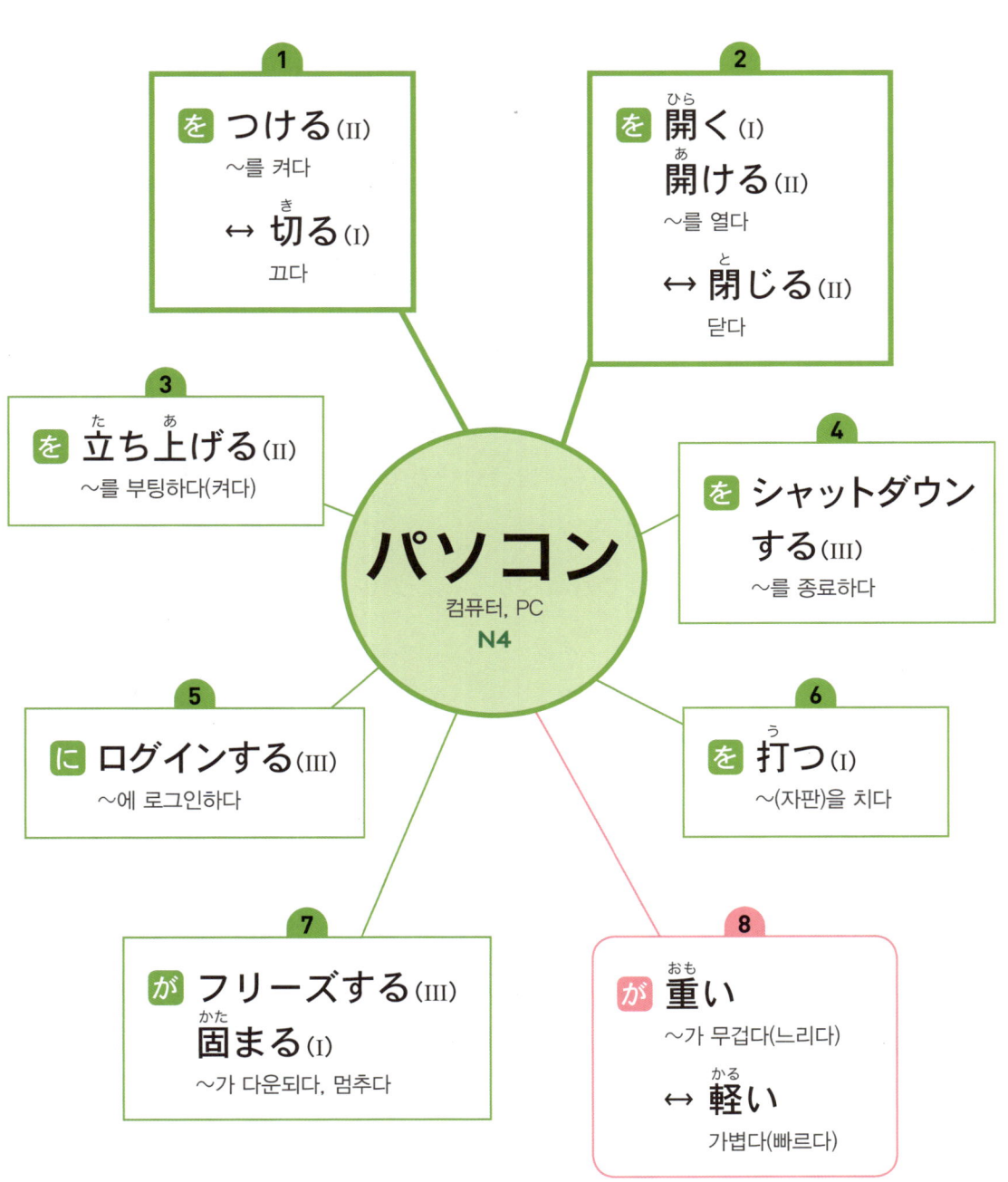

정보 · 통신 → 컴퓨터

1 パソコンをつける ↔ 切る

- パソコンをつけたのに、なかなか画面が出てこない。
  컴퓨터를 켰는데 좀처럼 화면이 나오지 않는다.
- 仕事が終わったので、パソコンを切った。
  일이 끝나서 컴퓨터를 껐다.

2 パソコンを{開く／開ける} ↔ 閉じる

- パソコンを{開い／開け}て、メールをチェックした。
  컴퓨터를 열어서 메일을 확인했다.
- 使わないときは、パソコンを閉じておく。
  사용하지 않을 때는 컴퓨터를(노트북을) 닫아 둔다.

3 パソコンを立ち上げる

- 会社へ行ったら、まずパソコンを立ち上げる。
  회사에 가면 우선 컴퓨터를 부팅한다(켠다).

4 パソコンをシャットダウンする

- 会社を出るときは、必ずパソコンをシャットダウンする。
  회사를 나올 때는 반드시 컴퓨터를 종료한다.
- ★「パソコンを落とす 컴퓨터 전원을 끄다」라는 표현도 있다.

5 パソコンにログインする

- IDとパスワードを入力して、パソコンにログインする。
  ID와 패스워드를 입력하여 컴퓨터에 로그인 한다.

6 パソコンを打つ

- 私は、とても速くパソコンを打って書類を作ることができる。
  나는 아주 빠르게 컴퓨터 자판을 쳐서 서류를 작성할 수 있다.

7 パソコンが{フリーズする／固まる}

- データが大きいファイルを開いたら、パソコンが{フリーズし／固まっ}てしまった。
  데이터가 큰 파일을 열었더니 컴퓨터가 {다운돼/멈춰} 버렸다.

8 パソコンが重い ↔ 軽い

- 最近、パソコンが重くて、仕事に困る。
  요즘 컴퓨터가 느려서 일하기 힘들다.
- データを消すと、少しパソコンが軽くなった。
  데이터를 지우자 조금 컴퓨터가 빨라졌다.

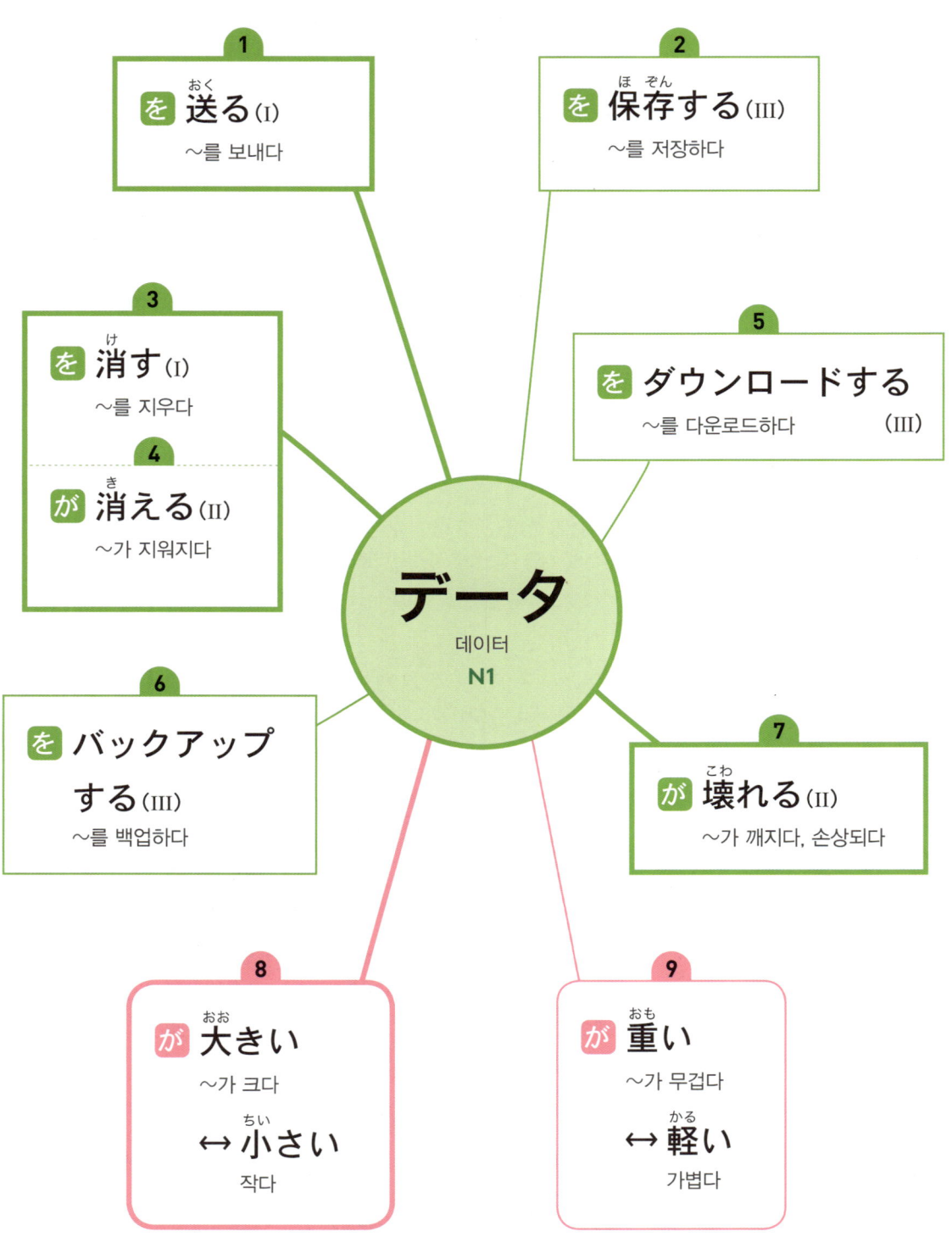

정보 · 통신 → **데이터**

1	データを送る	• メールで会社にデータを送った。 메일로 회사에 데이터를 보냈다.
2	データを保存する	• パソコンに、写真のデータを保存した。 컴퓨터에 사진 데이터를 저장했다.
3	データを消す	• 大切なデータを消してしまって、部長に怒られた。 중요한 데이터를 지워 버려서 부장님께 혼났다.
4	データが消える	• パソコンをシャットダウンしたら、データが消えてしまった。 컴퓨터를 껐더니 데이터가 사라져 버렸다.
5	データをダウンロードする	• ホームページから、データをダウンロードした。 홈페이지에서 데이터를 다운로드했다.
6	データをバックアップする	• 必ず大事なデータをバックアップするようにしている。 반드시 중요한 데이터를 백업하도록 하고 있다.
7	データが壊れる	• パソコンが故障して、保存したデータが壊れてしまった。 컴퓨터가 고장 나서 저장한 데이터가 손상되어 버렸다.
8	データが大きい ↔ 小さい	• データが大きいから、ファイルを2回に分けて送ろう。 데이터가 크니까 파일을 두 번에 나누어서 보내자. • データが小さいので、ファイルがすぐ開いた。 데이터가 작아서 파일이 금방 열렸다.
9	データが重い ↔ 軽い	• 写真や動画は、データが重い。 사진이나 동영상은 데이터가 무겁다. • 書類のファイルは、写真や動画よりデータが軽い。 서류 파일은 사진이나 동영상보다 데이터가 가볍다.

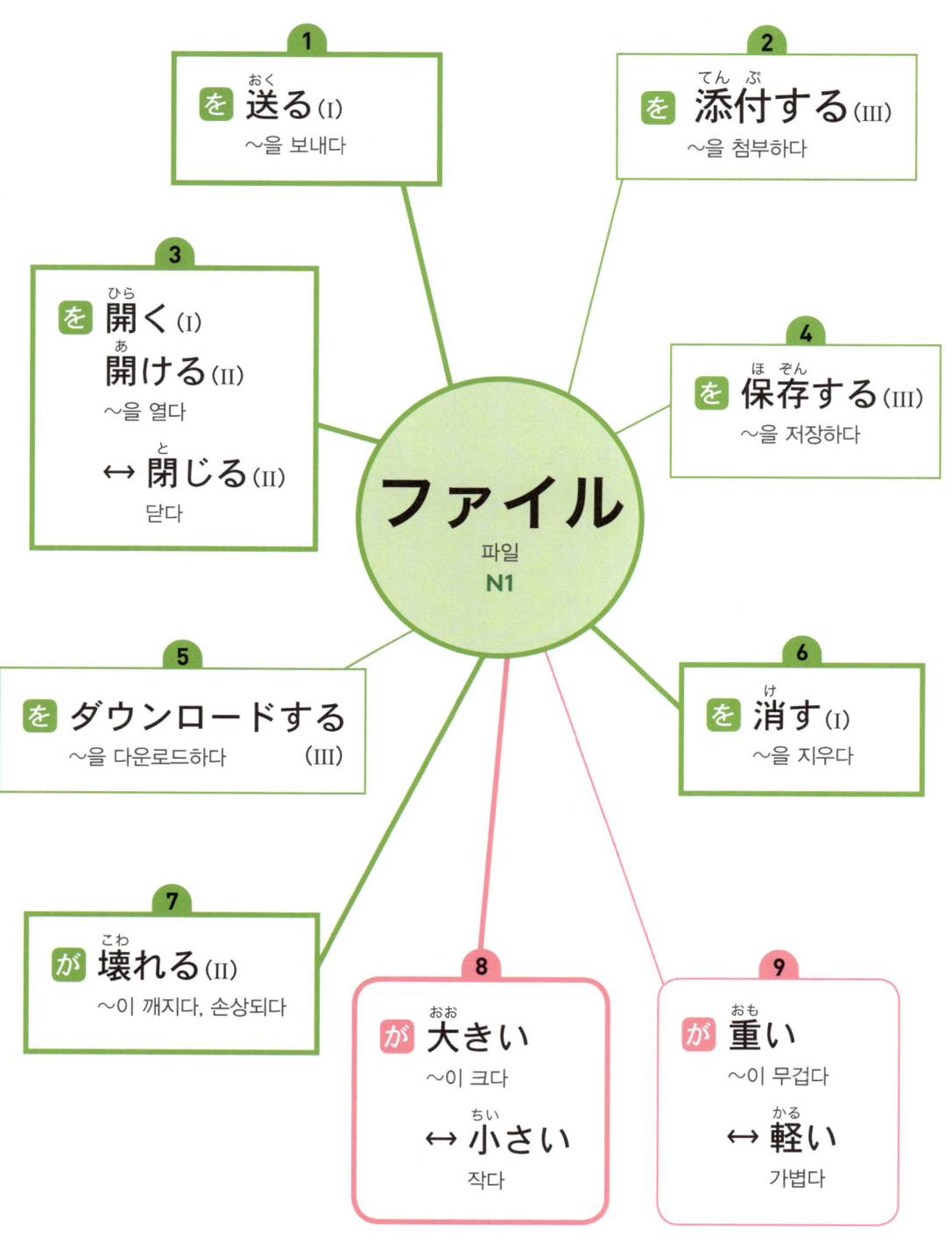

정보 · 통신 → 파일

1	ファイルを送る	・部長に、仕事の資料のファイルを送った。 부장님에게 업무 자료 파일을 보냈다.
2	ファイルを添付する	・メールに3つファイルを添付して、送った。 메일에 3개의 파일을 첨부해서 보냈다.
3	ファイルを{開く／開ける}↔閉じる	・メールで届いたファイルを{開い／開け}て見た。 메일로 도착한 파일을 열어서 보았다. ・内容をよく読んでから、ファイルを閉じた。 내용을 잘 읽고 나서 파일을 닫았다.
4	ファイルを保存する	・USBメモリにファイルを保存した。 USB 메모리에 파일을 저장했다.
5	ファイルをダウンロードする	・ウェブサイトから、必要なファイルをダウンロードした。 웹사이트에서 필요한 파일을 다운로드했다.
6	ファイルを消す	・古いファイルを消して、パソコンのデータを整理した。 오래된 파일을 지워서 컴퓨터 데이터를 정리했다.
7	ファイルが壊れる	・ファイルが壊れていて、見られなかった。 파일이 깨져서 볼 수 없었다.
8	ファイルが大きい↔小さい	・ファイルが大きくて、メールで送れない。 파일이 커서 메일로 보낼 수 없다. ・ファイルが小さければ、スマホで送れる。 파일이 작으면 스마트폰으로 보낼 수 있다.
9	ファイルが重い↔軽い	・ファイルが重くて、ダウンロードに時間がかかる。 파일이 무거워서 다운로드에 시간이 걸린다. ・写真のデータを消したら、ファイルが軽くなった。 사진 데이터를 지웠더니 파일이 가벼워졌다.

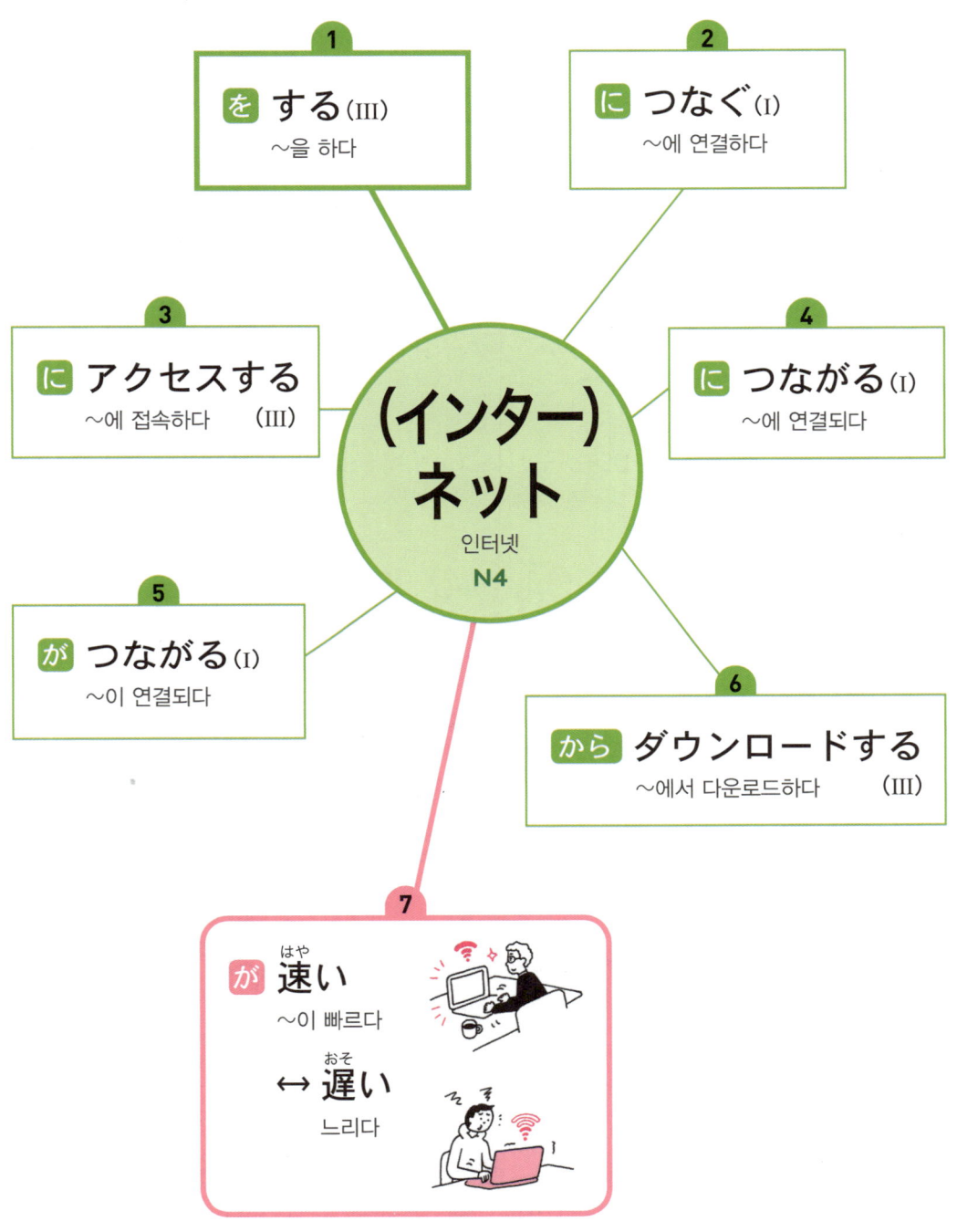

정보 · 통신 → **인터넷**

1	（インター）ネット をする	・息子(むすこ)は、毎日(まいにち)3時間(じかん)くらい（インター）ネットをしている。 아들은 매일 3시간 정도 인터넷을 하고 있다.
2	（インター）ネット につなぐ	・テレビを（インター）ネットにつないで、見(み)た。 TV를 인터넷에 연결해서 보았다.
3	（インター）ネット にアクセスする	・ケータイで、（インター）ネットにアクセスした。 휴대폰으로 인터넷에 접속했다.
4	（インター）ネット につながる	・パソコンを立(た)ち上(あ)げてから30分(ぷん)経(た)って、やっと（インター）ネットにつながった。 컴퓨터를 켠 지 30분이 지나서야 겨우 인터넷에 연결되었다.
5	（インター）ネット がつながる	・山(やま)の中(なか)では、なかなか（インター）ネットがつながらない。 산속에서는 좀처럼 인터넷이 연결되지 않는다.
6	（インター）ネット からダウンロードする	・ゲームのソフトを、（インター）ネットからダウンロードした。 게임 소프트웨어를 인터넷에서 다운로드했다.
7	（インター）ネット が速(はや)い ↔ 遅(おそ)い	・このホテルは（インター）ネットが速(はや)くて、仕事(しごと)をするのに便利(べんり)だ。 이 호텔은 인터넷이 빨라서 일을 하기가 편리하다. ・古(ふる)いパソコンは（インター）ネットが遅(おそ)いので、ファイルのダウンロードに時間(じかん)がかかる。 오래된 컴퓨터는 인터넷이 느려서 파일을 다운로드하는 데 시간이 걸린다.

1 を する (III)
～을 하다

2 を 送る (I)
～을 보내다

3 を 出す (I)
～을 보내다

4 を 打つ (I)
～을 쓰다

5 が 来る (III) / 届く (I)
～이 오다, 도착하다

6 を チェックする
～을 확인하다 (III)

7 を 開く (I)
～을 열다

8 が 開く (I)
～이 열리다

9 が 戻る (I)
～이 되돌아오다

10 を 消す (I)
～을 삭제하다

メール
메일
N4

 2, 3, 5, 10은 SNS의 '모바일 메신저'에도 사용할 수 있다.

정보 · 통신 → 메일

1	メールをする	毎日、外国の友だちにメールをしている。 매일 외국 친구에게 메일을 하고 있다.
2	メールを送る	急いでいたので、電車の中で、携帯電話から会社にメールを送った。 급해서 전철에서 휴대 전화로 회사에 메일을 보냈다.
3	メールを出す	間違って、相手に3回も同じメールを出してしまった。 실수로 상대방에게 세 번이나 같은 메일을 보내 버렸다.
4	メールを打つ	a. 長いメールを打つなら、スマホよりパソコンの方がいい。 장문의 메일을 쓰려면 스마트폰보다 컴퓨터 쪽이 낫다. b. 国の家族にメールを打った。 고국에 있는 가족에게 메일을 썼다.
5	メールが{来る／届く}	今日は私の誕生日なので、朝からケータイにたくさんお祝いのメールが{来／届い}た。 오늘은 내 생일이어서 아침부터 휴대폰에 많은 축하 메일이 {왔다/도착했다}.
6	メールをチェックする	会社の外では、スマホでメールをチェックしている。 회사 밖에서는 스마트폰으로 메일을 확인하고 있다.
7	メールを開く	パソコンをネットにつないで、メールを開いて見た。 컴퓨터를 인터넷에 연결해서 메일을 열어서 봤다.
8	メールが開く	パソコンの調子が悪くて、メールが開かない。 컴퓨터 상태가 안 좋아서 메일이 열리지 않는다.
9	メールが戻る	何度送っても、メールが戻ってきて相手に届かないので、困っている。 몇 번을 보내도 메일이 되돌아오기 때문에 상대방에게 전달되지 않아 난처하다.
10	メールを消す	間違えて、大事なメールを全部消してしまった。 실수로 중요한 메일을 전부 삭제해 버렸다.

携帯電話(けいたいでんわ)
(ケータイ)

휴대 전화

N4

1. **を かける** (II)
   ~를 걸다
2. **が かかる** (I)
   ~가 걸리다
3. **に かける** (II)
   ~로 걸다
4. **が つながる** (I)
   ~가 연결되다
5. **が 鳴(な)る** (I)
   ~가 울리다
6. **を 切(き)る** (I)
   ~를 끄다
7. **を チェックする** (III)
   ~를 확인하다

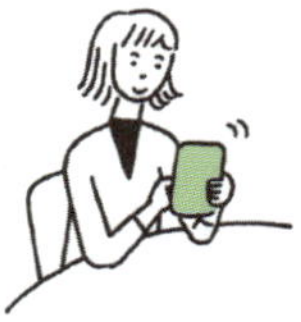

1~7은 스마트폰, 1~6은 전화에도 사용할 수 있다.

정보・통신 → 휴대 전화

1	**携帯電話(ケータイ)をかける**	電車の中で携帯電話(ケータイ)をかけるのは、よくない。 전철 안에서 휴대 전화를 거는 것은 좋지 않다.
2	**携帯電話(ケータイ)がかかる**	この場所からは、携帯電話(ケータイ)がかからない。 이 곳에서는 휴대 전화가 걸리지 않는다.
3	**携帯電話(ケータイ)にかける**	友だちからメールの返事が来ないので、携帯電話(ケータイ)にかけてみた。 친구한테서 메일 답장이 안 와서 휴대 전화로 걸어 보았다.
4	**携帯電話(ケータイ)がつながる**	何度もかけて、やっと先輩に携帯電話(ケータイ)がつながった。 몇 번이나 걸어서 겨우 선배에게 휴대 전화가 연결되었다.
5	**携帯電話(ケータイ)が鳴る**	試験のとき、携帯電話(ケータイ)が鳴ってしまって、注意された。 시험 때 휴대 전화가 울려서 주의를 받았다.
6	**携帯電話(ケータイ)を切る**	先生に、授業中は携帯電話(ケータイ)を切るように言われた。 선생님이 수업 중에는 휴대 전화를 끄라고 하셨다.
7	**携帯電話(ケータイ)をチェックする**	メールが来ているかどうか、携帯電話(ケータイ)をチェックした。 메일이(문자가) 왔는지 안 왔는지 휴대 전화를 확인했다.

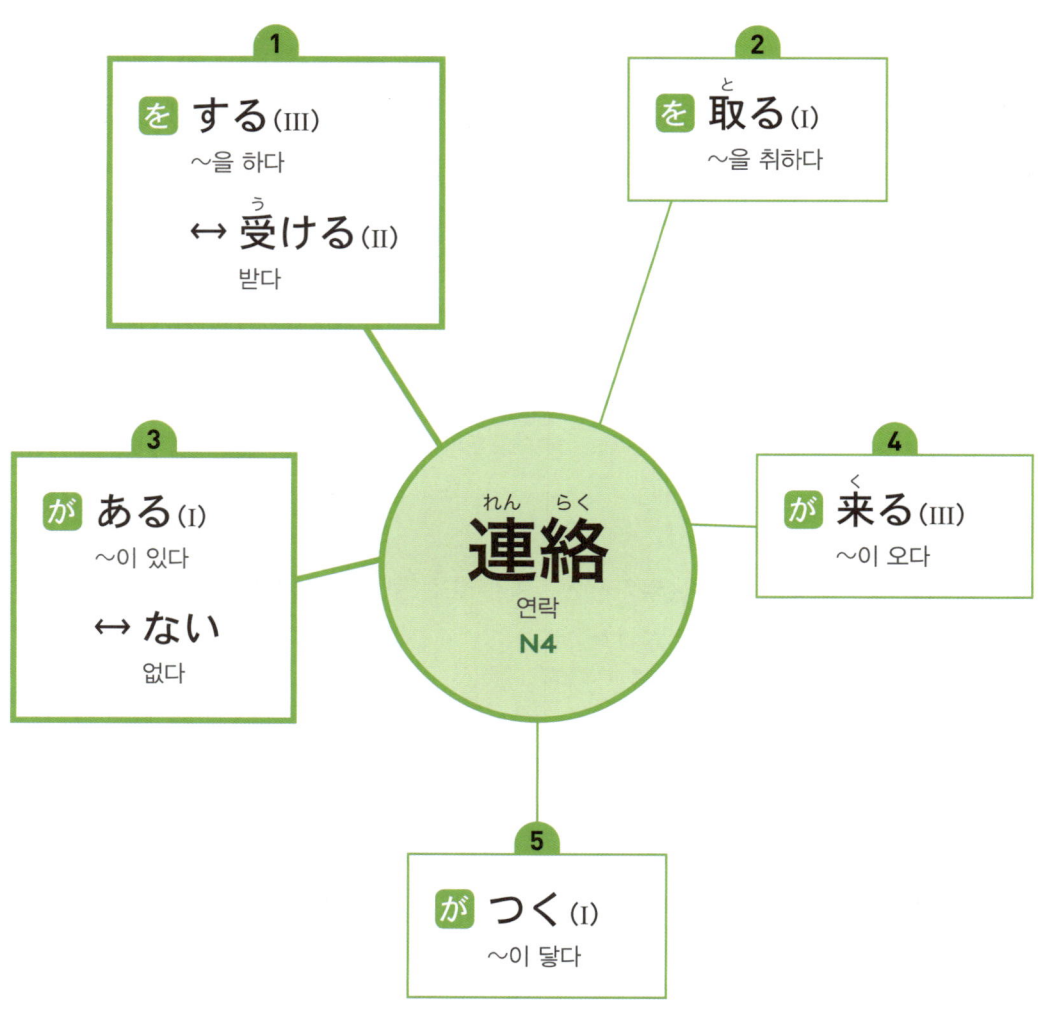

정보 · 통신 → 연락

1 連絡をする
↔ 受ける

- 先生に、かぜで学校を欠席すると連絡をした。
  선생님께 감기 때문에 학교를 결석한다고 연락을 했다.
- 突然、警察から家族の事故の連絡を受けて、驚いた。
  돌연 경찰로부터 가족의 사고 연락을 받고 놀랐다.

2 連絡を取る

- 卒業してからも、ずっと大学の先輩{と／に}連絡を取っている。
  졸업하고 나서도 쭉 대학의 선배{와/에게} 연락을 하고 있다.

3 連絡がある
↔ ない

- 電車が止まっているので約束に遅れると、友だちから連絡があった。
  전철이 멈춰서 약속에 늦는다고 친구로부터 연락이 있었다.
- 帰国したアンさんからは、もうずっと連絡がない。
  귀국한 앤 씨로부터는 아직도 계속 연락이 없다.

4 連絡が来る

- 仕事の面接を受けに行ったら、次の日、会社から合格の連絡が来た。
  직장 면접을 보러 갔더니 다음 날 회사로부터 합격 연락이 왔다.

5 連絡がつく

- 大きな地震があって3時間後に、やっと出かけていた妻{と／に}連絡がついた。
  큰 지진이 있고 3시간 후에 겨우 외출했던 아내{와/한테} 연락이 닿았다.

情報・通信 확인문제

1 ( )에 왼쪽 말의 반대말을 넣으세요.

① パソコンを切る ↔ パソコンを（　　　　）
② ファイルを開ける ↔ ファイルを（　　　　）
③ データが大きい ↔ データが（　　　　）
④ インターネットが速い ↔ インターネットが（　　　　）

2 「～をする」의 형태로 쓸 수 있는 말을 모두 찾아 ○표 하세요.

メール　　データ　　インターネット　　連絡　　携帯電話

3 「～をダウンロードする」의 형태로 쓸 수 있는 말을 모두 찾아 ○표 하세요.

パソコン　　ネット　　データ　　ケータイ　　ファイル

4 함께 쓸 수 있는 말을 [ ]에서 모두 골라 ○표 하세요.

① [データ　ファイル　メール　パソコン] が重い。
② [連絡　ファイル　メール　データ] を消す。
③ ネットに [つなぐ　つながる　チェックする　アクセスする]
④ パソコンを [閉じる　立ち上げる　ログインする　フリーズする]
⑤ メールを [出す　打つ　シャットダウンする　チェックする]
⑥ 連絡が [ある　来る　取る　つく]

5 밑줄 친 부분이 맞으면 ○표를 하고 틀리면 알맞게 고쳐서 ( )에 넣으세요.

① パソコンを開けたら、データが壊して（→　　　　）いた。
② スマホでメールとファイルを開こう（→　　　　）としたが、開かなかった。
③ パソコンが速くて（→　　　　）、よく固まってしまう。

④ 病院の中で携帯電話をかかって（→　　　　　　）はいけない。

⑤ ファイルが小さくて（→　　　　　　）メールで一度に送れないので、2つに分けた。

6 ｛　｝에서 올바른 쪽을 골라 ○표 하세요.

① 私は、パソコンを速く｛打つ　　かける｝ことができない。
② パソコンが壊れて、データが｛切れて　　消えて｝しまった。
③ ネットがなかなか｛かからない　　つながらない｝。
④ 小学校のクラスメートから連絡を｛受けた　　あげた｝。
⑤ 寝る前に、パソコンを｛シャットダウンして　　ダウンロードして｝おく。

7 ☐에서 단어를 골라 적당한 형태로 바꿔서 [ ] 안에 넣으세요. 각 단어는 한 번밖에 고를 수 없습니다.

とどく　つながる　ひらく　かける　もどる　おくる

昨日の夜、友だちにメールを［①　　　　　］た。朝パソコンを［②　　　　　］てチェックしたら、メールは［③　　　　　］ていなくて、［④　　　　　］てきていた。そこで、友だちのケータイに［⑤　　　　　］たが、全然［⑥　　　　　］なかったので、直接家に行くことにした。

8 （　）에 들어갈 말은 무엇입니까? 1～4에서 가장 알맞은 것을 고르세요.

① 授業中はケータイを（　　）、鳴らないようにしておく。
　1 開けて　　2 切って　　3 つなげて　　4 チェックして

② メールにファイルを（　　）、送った。
　1 閉じて　　2 開いて　　3 保存して　　4 添付して

③ 昔の恋人と、今も時々連絡を（　　）いる。
　1 つけて　　2 かけて　　3 取って　　4 送って

スケジュール
스케줄

41~49

計画 계획 N4

1. を 立^たてる(II) ~을 세우다
2. を 変^かえる(II) ~을 바꾸다
3. が 変^かわる(I) ~이 바뀌다
4. を 進^{すす}める(II) ~을 추진하다

日にち 날짜, 일자 N3

5. を 決^きめる(II) ~를 정하다
6. が 決^きまる(I) ~가 정해지다
7. を 変^かえる(II) ~를 바꾸다
8. が 変^かわる(I) ~가 바뀌다
9. が 過^すぎる(II) ~가 지나다

 「日^ひにち 날짜」는 「日数^{にっすう} 날수」라는 의미도 있다.

스케줄 → 계획/날짜

1	計画を立てる	恋人と、夏休みの旅行の計画を立てた。 애인과 여름 휴가 여행 계획을 세웠다.
2	計画を変える	沖縄へ旅行する計画を変えて、北海道へ行くことにした。 오키나와로 여행 가는 계획을 바꿔서 홋카이도에 가기로 했다.
3	計画が変わる	駅前にビルを建てる計画が変わって、公園ができることになったそうだ。 역 앞에 빌딩을 세우는 계획이 변경되어 공원이 생기게 되었다고 한다.
4	計画を進める	今、2年後に家族で田舎に引っ越す計画を進めている。 지금 2년 후에 가족과 함께 시골로 이사할 계획을 추진하고 있다.
5	日にちを決める	会議の終わりに、次の会議の日にちを決めた。 회의가 끝날 때 다음 회의 날짜를 정했다.
6	日にちが決まる	今年のスピーチ大会の日にちが決まった。 올해 스피치 대회의 날짜가 정해졌다.
7	日にちを変える	仕事が忙しいので、引っ越しの日にちを変えた。 일이 바빠서 이사 날짜를 바꿨다.
8	日にちが変わる	a. テストの日にちが、2月1日から2月5日に変わったそうだ。 시험 날짜가 2월 1일에서 2월 5일로 바뀌었다고 한다. b. 夜、ずっと本を読んでいたら日にちが変わっていた。 밤에 계속 책을 읽었더니 날짜가 바뀌어 있었다.
9	日にちが過ぎる	日本語能力試験の申し込みの日にちが過ぎてしまった。 일본어능력시험의 신청 날짜가 지나 버렸다. ★「日数が経つ 날짜(일수)가 지나다」라는 뜻도 있다.

予定 (1)
예정, 일정
N4

1. を 立てる(II) ~을 세우다

2. を 組む(I) ~을 짜다

3. を 決める(II) ~을 결정하다

4. が 決まる(I) ~이 결정되다

5. を 変える(II) ~을 바꾸다

6. が 変わる(I) ~이 바뀌다

7. が 遅れる(II) ~이 늦어지다

  「予定(1)」은 전체적인 '계획', '스케줄'을 말한다.

スケジュール → 예정(1)

1	予定を立てる	月曜日に1週間の予定を立てて、仕事をするようにしている。 월요일에 1주일 일정을 세워서 일하도록 하고 있다.
2	予定を組む	部長に相談して、来月の出張の予定を組んだ。 부장님께 상담(상의)해서 다음 달 출장 일정을 짰다.
3	予定を決める	恋人と話し合って、結婚式とパーティーの予定を決めた。 애인과 의논하여 결혼식과 피로연 일정을 정했다.
4	予定が決まる	社員の意見が合わなくて、なかなか会議の予定が決まらない。 사원(들)의 의견이 맞지 않아서 좀처럼 회의 일정이 정해지지 않는다.
5	予定を変える	飛行機のチケットが取れなかったので、海外旅行の予定を変えて、国内旅行をすることにした。 비행기표를 구할 수 없어서 해외여행 일정을 바꾸어 국내 여행을 하기로 했다
6	予定が変わる	来週の試験は予定が変わって、始まりが10時から9時に、科目が2つから3つになった。 다음 주 시험은 예정이 바뀌어서 시작이 10시에서 9시로, 과목이 2개에서 3개가 되었다.
7	予定が遅れる	データが集まらなくて、レポート作成の予定が遅れている。 데이터가 모이지 않아서 리포트 작성 일정이 늦어지고 있다.

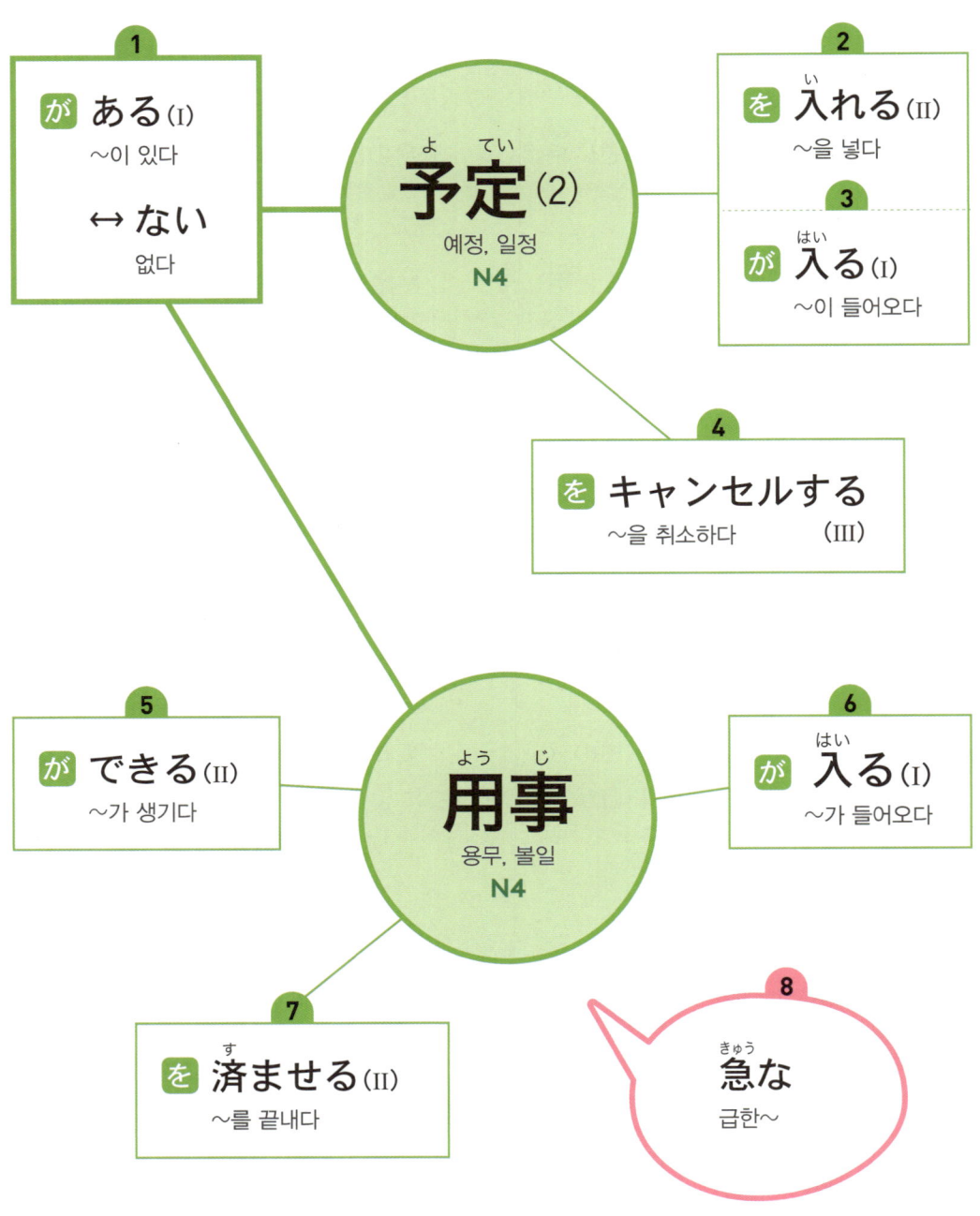

「予定(2)」는 언제, 무엇을 할지 정해져 있는 하나하나의 것을 말한다.

스케줄 → 예정(2)/용무

1 [予定] [用事] がある ↔ ない
- 再来週、引っ越しの予定があるので、会社を休む。
  다다음 주에 이사 예정이 있어서 회사를 쉰다.
- 冬休みは、まだ予定がない。友だちとどこかへ行きたい。
  겨울 방학은 아직 예정이 없다. 친구와 어딘가에 가고 싶다.
- 用事があったので、会議を欠席した。
  용무가 있어서 회의에 결석했다.
- この日曜日は何も用事がないから、趣味を楽しもう。
  이번 일요일은 아무런 용무가 없으니까 취미를 즐기자.

2 予定を入れる
- 金曜日の夜に、レストランで食事する予定を入れた。
  금요일 밤에 레스토랑에서 식사할 예정을 넣었다.

3 予定が入る
- 再来週、出張の予定が入った。
  다다음 주 출장 예정이 들어왔다.

4 予定をキャンセルする
- 急な仕事で、旅行の予定をキャンセルした。
  갑작스러운 일로 여행 예정을 취소했다.

5 用事ができる
- 家の用事ができたので、食事会には出なかった。
  집안일이 생겨서 회식에는 나가지 않았다.

6 用事が入る
- 花見の日に用事が入って、行けなくなってしまった。
  꽃구경하는 날에 볼일이 생겨서 갈 수 없게 되어 버렸다.

7 用事を済ませる
- 「用事を済ませてから行くので、少しパーティーに遅れます。」
  "볼일을 보고 가기 때문에 조금 파티에 늦습니다."

8 急な用事
- 急な用事で、出張からすぐ戻ることになった。
  급한 용무로 인해 출장에서 바로 돌아오게 되었다.

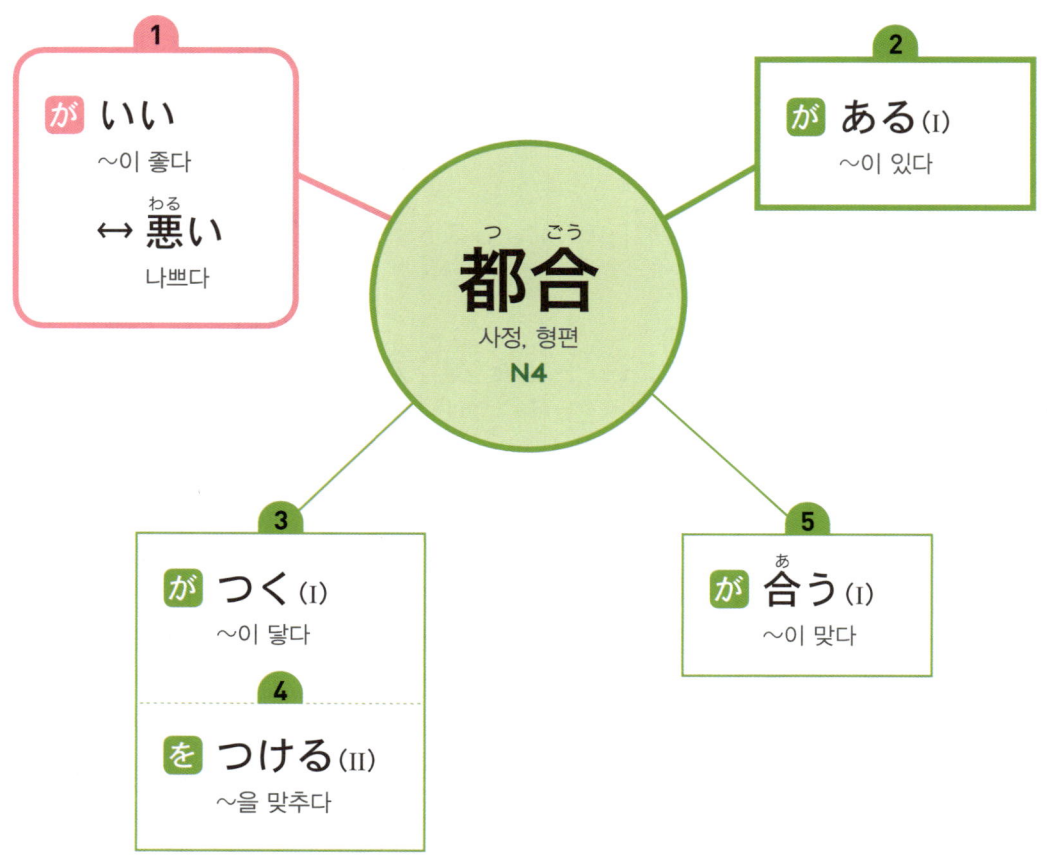

스케줄 → 사정

1	都合がいい ↔ 悪い	• 「都合がよければ、ぜひうちに遊びに来てください。」 "시간이 되시면 꼭 우리 집에 놀러 오세요." • 都合が悪くなって、美容院の予約をキャンセルした。 사정이 어려워져서 미용실 예약을 취소했다.
2	都合がある	• 都合があったので、映画の誘いを断った。 사정이 있어서 영화 권유를 거절했다.
3	都合がつく	• 用事があったが都合がついて、飲み会に行くことができた。 볼일이 있었지만 형편이 닿아서 회식에 갈 수 있었다.
4	都合をつける	• 忙しかったが、都合をつけて、子どもの運動会を見に行った。 바빴지만 시간을 내서 아이의 운동회를 보러 갔다.
5	都合が合う	• 都合が合わなくて、なかなか友だちと会えない。 스케줄이 맞지 않아서 좀처럼 친구와 만날 수 없다.

約束 약속 N4

1 を 守る(I) ~을 지키다 ↔ 破る(I) 어기다

2 が ある(I) ~이 있다 ↔ ない 없다

3 を する(III) ~을 하다

キャンセル 취소 N2

4 に なる(I) ~가 되다

5 が 出る(II) ~가 나오다

予約 예약 N4

6 を 入れる(II) ~을 넣다

7 を キャンセルする(III) ~을 취소하다

스케줄 → 약속 / 취소 / 예약　　　45

1	**約束を守る** ↔ **破る**	• 私の父は、必ず子どもとの約束を守った。 우리 아버지는 반드시 자식과의 약속을 지키셨다. • 弟は、すぐ約束を破ったり、嘘をついたりする。 남동생은 툭하면 약속을 어기거나 거짓말을 하거나 한다.
2	**約束がある** ↔ **ない**	• 今夜は友だちと約束があるので、飲み会には行けない。 오늘 밤은 친구와 약속이 있어서 회식에는 못 간다. • 約束がないと、客がすぐに社長と会うのは難しい。 약속이 없으면 고객이 곧바로 사장과 만나기는 어렵다.
3	**[約束] [予約]をする**	• 留学が終わったら国に帰ると、父に約束をした。 유학이 끝나면 고향으로 돌아오겠다고 아버지께 약속을 했다. ★ 둘이서 함께 하는 것은「～と約束をする ~와 약속을 하다」라고 말한다. 예) 恋人と結婚の約束をした。 애인과 결혼 약속을 했다. • 旅行に行くので、ホテルの予約をした。 여행을 가기 때문에 호텔 예약을 했다.
4	**キャンセルになる**	• 相手が急に病気になって、約束がキャンセルになった。 상대방이 갑자기 병이 나서 약속이 취소되었다.
5	**キャンセルが出る**	• チケットにキャンセルが出て、買うことができた。 취소 티켓이 나와서 살 수 있었다.
6	**予約を入れる**	• 歯医者に来週の水曜日の予約を入れた。 치과에 다음 주 수요일로 예약을 넣었다.
7	**予約をキャンセルする**	• 都合が悪くて、レストランの予約をキャンセルした。 상황이 좋지 않아서 레스토랑 예약을 취소했다.

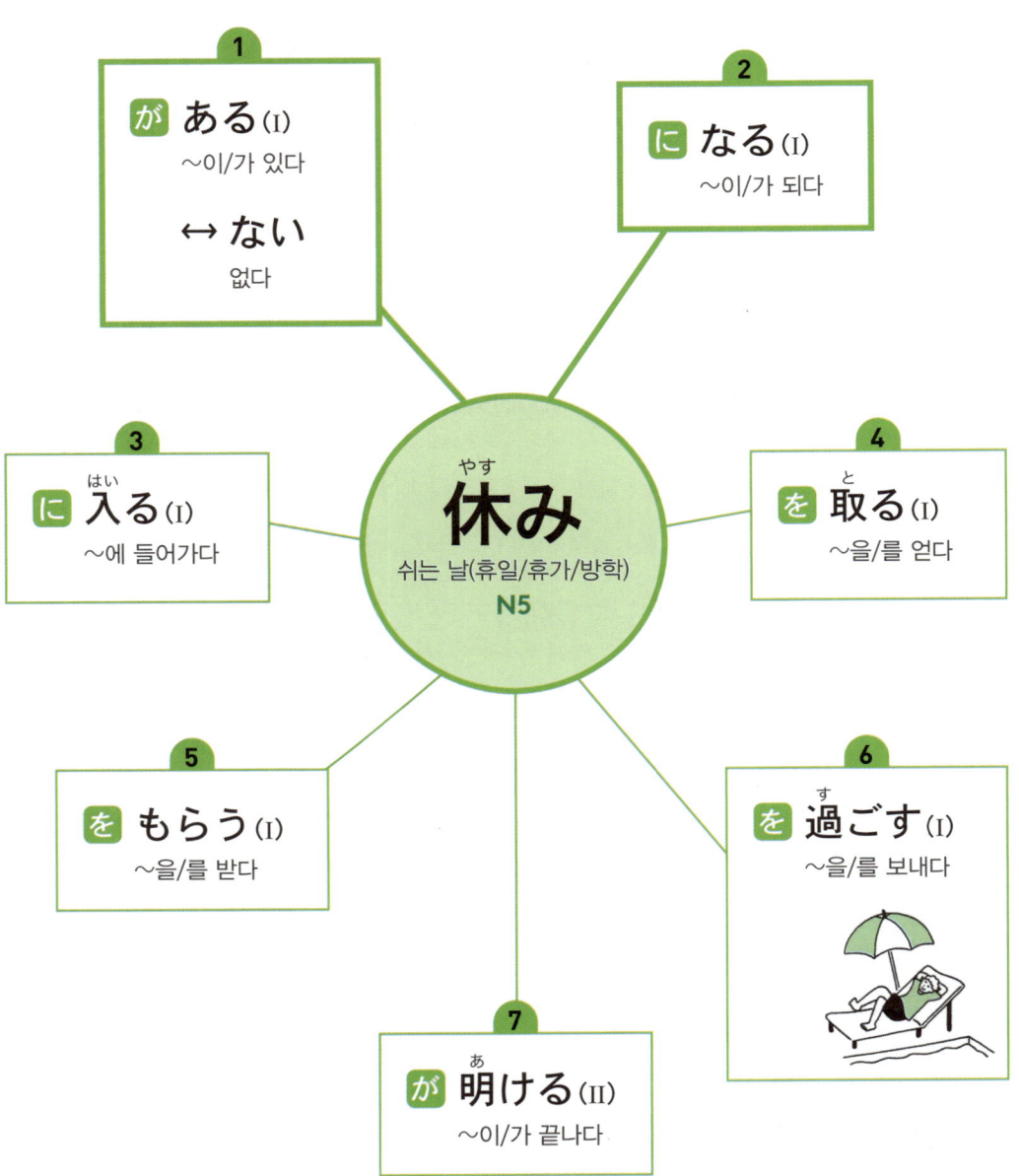

스케줄 → 쉬는 날

1	休みがある ↔ ない	• 私の会社は、土曜日と日曜日以外も休みがある。 우리 회사는 토요일과 일요일 이외에도 쉬는 날이 있다. • 今、仕事が忙しくて、あまり休みがない。 지금 일이 바빠서 별로 쉬는 날이 없다.
2	休みになる	• a. 休みになったら、いろいろな所へ遊びに行きたい。 방학이 되면 여러 곳에 놀러 가고 싶다. • b. 台風で学校が休みになった。 태풍으로 학교가 쉬게 되었다.
3	休みに入る	• 大学は、来週から夏休みに入る。 대학은 다음 주부터 여름 방학에 들어간다.
4	休みを取る	• 体の具合が悪いので、休みを取って病院へ行った。 몸 상태가 나빠서 휴가를 받아서 병원에 갔다.
5	休みをもらう	• 会社{に／から}休みをもらって、海外へ旅行した。 회사{에서/로부터} 휴가를 받아 해외로 여행을 갔다.
6	休みを過ごす	• 私は、本を読んで休みを過ごしている。 나는 책을 읽으며 휴가를 보내고 있다.
7	休みが明ける	• 明日で正月の休みが明けて、また仕事が始まる。 내일이면 설 연휴가 끝나고 또 일이 시작된다.

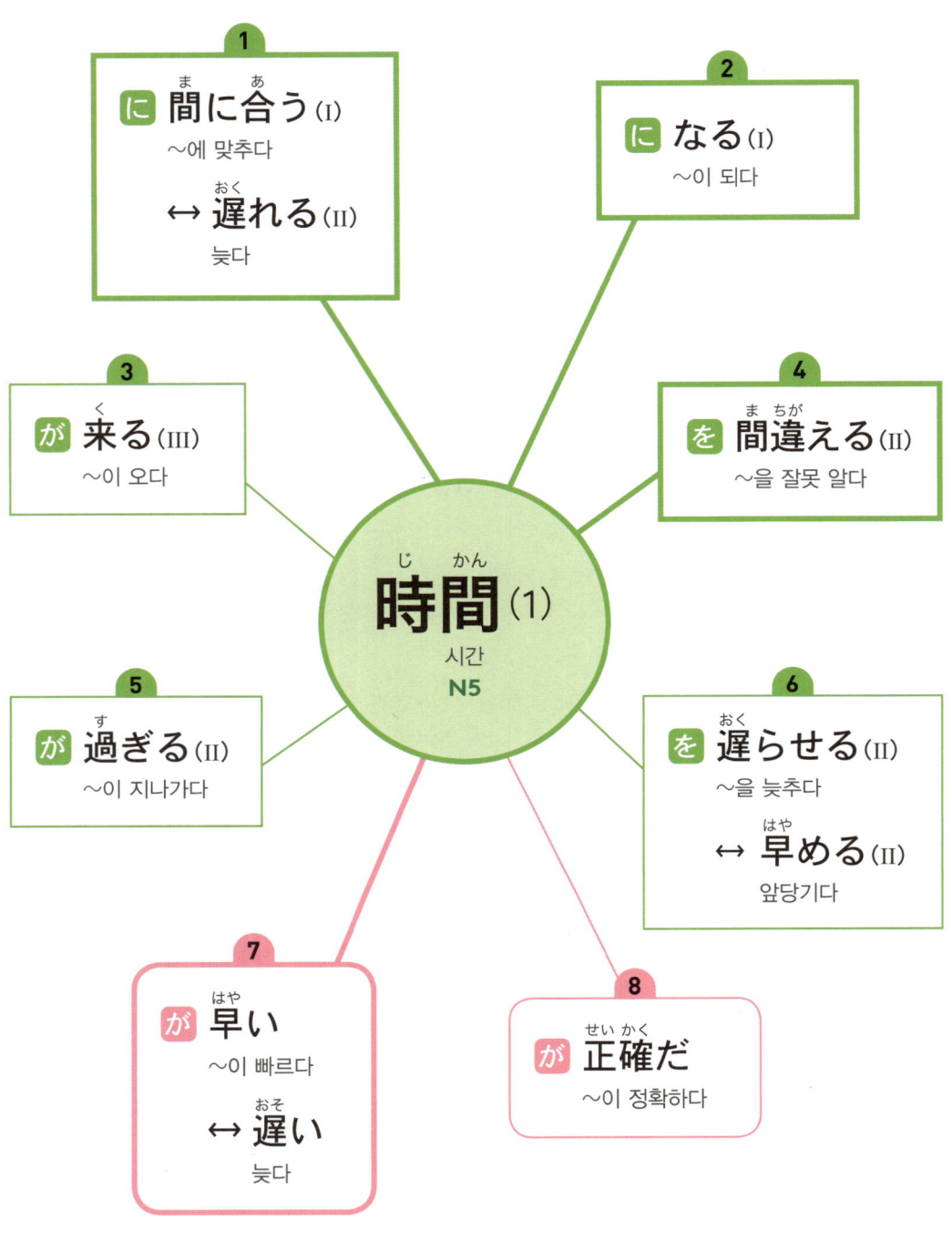

🔔 「時間(1)」은 시각을 말한다.

스케줄 → 시간 (1)

1 時間に間に合う ↔ 遅れる
- タクシーで行けば、約束の時間に間に合うだろう。
  택시로 가면 약속 시간에 맞출 수 있을 것이다.
- アルバイトの時間に遅れて、先輩に怒られた。
  아르바이트 시간에 늦어서 선배에게 혼났다.

2 時間になる
- 約束の時間になったが、恋人は来なかった。
  약속 시간이 되었지만 애인은 오지 않았다.

3 時間が来る
- 出発の時間が来たので、バスに乗った。
  출발 시간이 와서 버스를 탔다.

4 時間を間違える
- 時間を間違えて、約束の場所に1時間も早く来てしまった。
  시간을 잘못 알고 약속 장소에 1시간이나 일찍 와 버렸다.

5 時間が過ぎる
- 予定の時間が過ぎても、コンサートは始まらなかった。
  예정된 시간이 지나도 콘서트는 시작되지 않았다.

6 時間を遅らせる ↔ 早める
- 電車の事故があったため、大学は試験の時間を遅らせた。
  전철 사고가 있었기 때문에 대학은 시험 시간을 늦췄다.
- 全員が早く集まったので、会議の時間を早めた。
  전원이 일찍 모여서 회의 시간을 앞당겼다.

7 時間が早い ↔ 遅い
- 仕事の時間が早いので、毎日早く起きている。
  업무 시작 시간이 이르기 때문에 매일 일찍 일어나고 있다.
- 今日はもう時間が遅いので、残業をやめて帰ろう。
  오늘은 이미 시간이 늦었으니 잔업을 그만하고 귀가하자.

8 時間が正確だ
- 日本の電車は、時間が正確だと言われている。
  일본의 전철은 시간이 정확하다고 알려져 있다.
- ★ 사람인 경우에는「時間に正確だ 시간에 정확하다」라고 말한다.
  - 예) 友だちはいつも時間に正確で、約束に遅れたことがない。
    친구는 항상 시간에 정확하고 약속에 늦은 적이 없다.

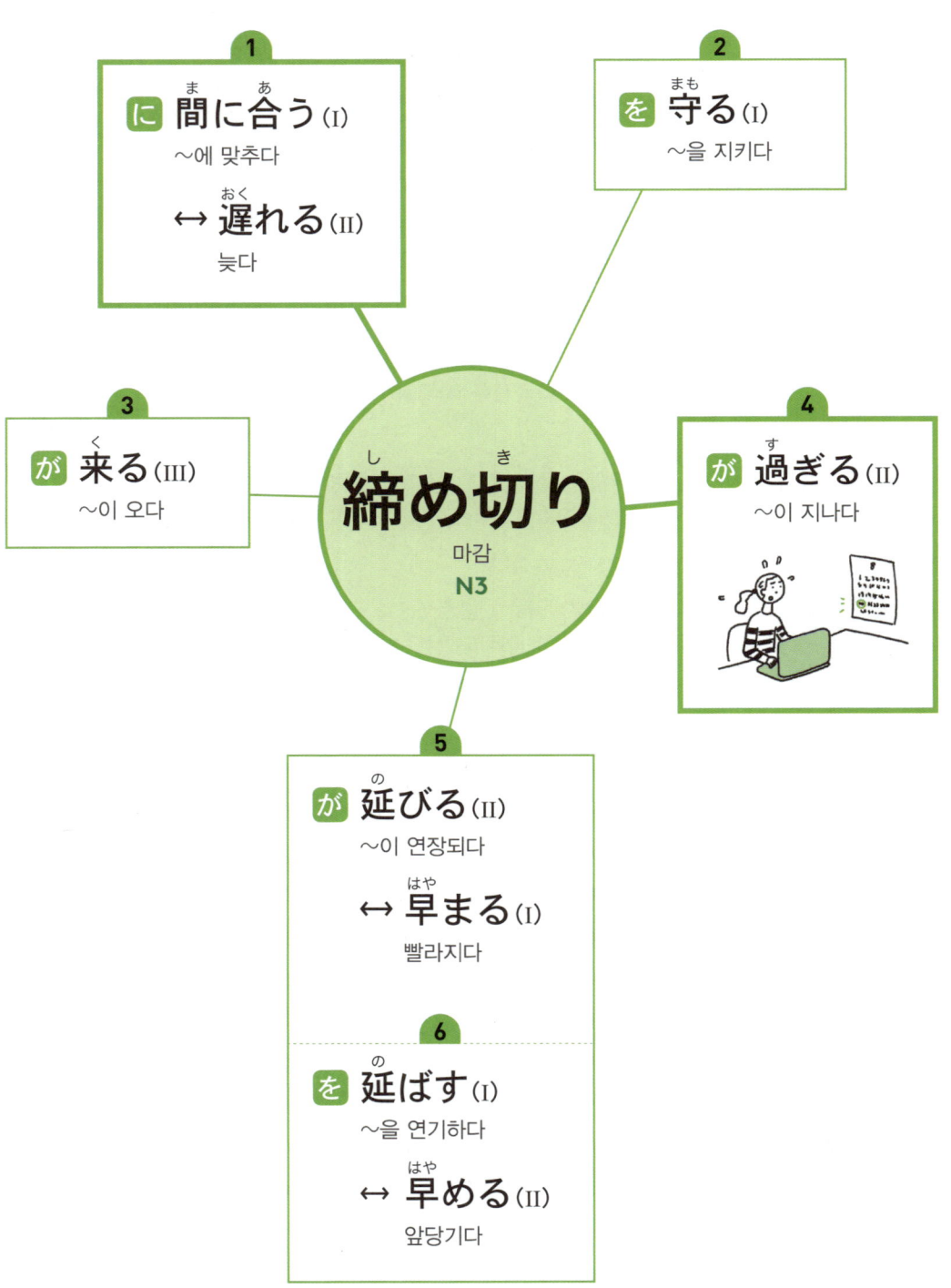

스케줄 → 마감

1 締め切りに間に合う ↔ 遅れる

- 締め切りに間に合うように、レポートを急ごう。
  마감 시간에 맞출 수 있도록 리포트를 서두르자.
- 締め切りに遅れて、論文を受け付けてもらえなかった。
  마감에 늦어서 논문을 받아주지 않았다.

2 締め切りを守る

- 論文は、必ず締め切りを守って提出しなければならない。
  논문은 반드시 마감을 지켜서 제출해야만 한다.

3 締め切りが来る

- 来週レポートの締め切りが来るが、まだ全然書いていない。
  다음 주 리포트 마감 날이 오는데 아직 전혀 쓰지 않았다.

★ '점점 오고 있다'고 말하고 싶을 때는 「近づく 다가오다」를 사용한다.
  예) レポートの締め切りが近づいている。 리포트 마감이 다가오고 있다.

★ 「締め切りが近い 마감 시간이 가깝다(임박하다)」라는 표현도 있다.
  예) レポートの締め切りが近いので、今、とても忙しい。
  리포트의 마감이 임박해져 지금 매우 바쁘다.

4 締め切りが過ぎる

- コンサートのチケットを申し込もうと思ったら、1週間も前に締め切りが過ぎていた。
  콘서트 티켓을 신청하려고 했더니 1주일도 전에 마감이 지나 있었다.

5 締め切りが延びる ↔ 早まる

- 論文の締め切りが延びた。
  논문 마감이 연기되었다.
- 研究会の発表の締め切りが早まったので、あわてた。
  연구회 발표 마감이 빨라져서 당황했다.

6 締め切りを延ばす ↔ 早める

- 先生は、宿題の締め切りを延ばした。
  선생님은 숙제 마감을 연기했다.
- チケットがなくなりそうなので、申し込みの締め切りを早めた。
  티켓이 없어질 것 같아서 신청 마감을 앞당겼다.

1
が ある (I)
~이 있다

↔ **ない**
없다

2
が かかる (I)
~이 걸리다

3
を かける (II)
~을 들이다

時間(2)
시간
N5

4
が 経つ (I)
~이 지나다

5
が 足りる (II)
~이 충분하다

6
が 余る (I)
~이 남다

7
が 延びる (II)
~이 연장되다

8
が できる (II)
~이 생기다

「時間(2)」는 시작과 종료가 있는 '폭·범위가 있는 시간'을 말한다.
1～4는 '날짜(날수의 의미)'에서도 쓴다.

스케줄 → 시간(2)

1	時間がある ↔ ない	・母はもう仕事をやめたので、十分時間があると思う。 어머니는 이제 일을 그만두셔서 충분한 시간이 있다고 생각한다. ・日本へ来てから毎日忙しくて、全然遊ぶ時間がない。 일본에 오고 나서 매일 바빠서 전혀 놀 시간이 없다.
2	時間がかかる	・化粧に時間がかかって、家を出るのが遅くなった。 화장에 시간이 걸려서 집을 나서는 것이 늦어졌다.
3	時間をかける	・クラスの発表がうまくいくように、準備に十分時間をかけている。 학급 발표를 잘 할 수 있도록 준비에 충분한 시간을 들이고 있다.
4	時間が経つ	・日本へ来てから、もう長い時間が経った。 일본에 온 지 벌써 오랜 시간이 지났다.
5	時間が足りる	・時間が足りなくて、試験の問題が最後までできなかった。 시간이 부족해서 시험 문제를 끝까지 다 못 풀었다.
6	時間が余る	・会議の後で時間が余ったので、みんなで食事に行った。 회의가 끝나고 시간이 남아 다 같이 식사하러 갔다.
7	時間が延びる	・コンサートの時間が延びて、帰りの電車に遅れてしまった。 콘서트 시간이 연장되어 돌아오는 전철을 놓쳐 버렸다.
8	時間ができる	・用事を済ませたら、時間ができたので、映画を見に行った。 용무를 마쳤는데 시간이 나서 영화를 보러 갔다. ・父は仕事をやめて時間ができてから、よく旅行に行くようになった。 아버지는 일을 그만 둔 후 시간이 나고부터 여행을 자주 가게 되었다.

9 スケジュール　확인문제

1 ( )에 왼쪽 말의 반대말을 넣으세요.
　① 約束を守る　　　　↔　約束を（　　　　　）
　② 締め切りに間に合う　↔　締め切りに（　　　　　）
　③ 時間を遅らせる　　↔　時間を（　　　　　）
　④ 都合がいい　　　　↔　都合が（　　　　　）

2 「〜がない」의 형태로 쓸 수 있는 말을 모두 찾아 ○표 하세요.

| 予定 | 都合 | 休み | 時間 | 約束 | 用事 |

3 함께 쓸 수 있는 말을 [　]에서 모두 골라 ○표 하세요.
　① 休みを　　　[明ける　入る　取る　なる　もらう　過ごす]
　② 予定を　　　[立てる　遅れる　変わる　入る　組む　過ごす]
　③ 時間が　　　[経つ　余る　延びる　来る　足りる　過ごす]
　④ 締め切りが　[来る　守る　過ぎる　早い　軽い]
　⑤ 日にちが　　[決まる　決める　つく　つける　変わる　変える]

4 아래의 표를 완성하세요.

자동사	타동사	자동사	타동사
① 計画が＿＿	計画を変える	④ 締め切りが＿＿	締め切りを延ばす
② 時間が＿＿	時間をかける	⑤ 予定が＿＿	予定を決める
予定が入る	③ 予定を＿＿	都合がつく	⑥ 都合を＿＿

5 밑줄 친 부분이 맞으면 ○표를 하고 틀리면 알맞게 고쳐서 ( )에 넣으세요.
　① 研究の計画を早く<u>進まなければ</u>（→　　　　　）ならない。

② 論文の締め切りが早めた（→　　　　　）ので、急いで書き始めた。
③ 歌手が病気になって、コンサートがキャンセルになった（→　　　　　）。
④ 用事が入れた（→　　　　　）ので、旅行の予定をキャンセルした。

6 { }에서 올바른 쪽을 골라 ◯표 하세요.

① 人気のホテルにキャンセルが出たので、すぐ予約を { 入れた　押さえた }。
② 旅行の申し込みの日にちが { できて　過ぎて } しまった。
③ 急がなければ、約束の時間に { 遅れて　延びて } しまう。
④ 用事を { 守って　済ませて } から、飲み会へ行った。

7 ☐에서 단어를 골라 적당한 형태로 바꿔서 [ ] 안에 넣으세요. 각 단어는 한 번밖에 고를 수 없습니다.

| きゅうだ　なる　する　できる　かえる　まちがえる |

昨日トムさんと映画を見る約束を [①　　　　] た。でも、いつも時間に正確な彼が、約束の時間に [②　　　　] ても、来なかった。何か [③　　　　] 用事が [④　　　　] たのかと思って、携帯電話にかけたら、時間を [⑤　　　　] ていたのだそうだ。私たちは予定を [⑥　　　　] て、近くの動物園へ行くことにした。

8 (　)에 들어갈 말은 무엇입니까? 1~4에서 가장 알맞은 것을 고르세요.

① 約束より（　）時間に着いたら、まだ誰もいなかった。
　1 早い　　2 短い　　3 遅い　　4 長い
② 夏休みになって時間が（　）ら、旅行に行きたい。
　1 変わった　2 できた　3 進んだ　4 かかった
③ 恋人と都合が（　）、なかなかデートができない。
　1 つかなくて　2 守れなくて　3 取れなくて　4 合わなくて

⑩ 人・交際
ひと・こうさい
사람 교제

50~54

恋人 (こいびと) N3 — 애인
彼 (かれ) N4 — 남자 친구
彼女 (かのじょ) N4 — 여자 친구

1. が いる (II) — ~이/가 있다
2. が できる (II) — ~이/가 생기다
3. に なる (I) — ~이/가 되다
4. を 作る (つくる) (I) — ~을/를 만들다
5. と 別れる (わかれる) (II) — ~와/과 헤어지다
6. を ふる (I) — ~을/를 차다

🔔 「恋人 애인」은 남녀, 「彼 그」는 남성, 「彼女 그녀」는 여성에게 사용한다.
1~4는 「友だち 친구」에게도 사용할 수 있다.

사람・교제 → 애인/남자 친구/여자 친구

1 [恋人][彼][彼女]がいる
- 私には[恋人][彼][彼女]がいて、今、結婚を考えている。
  나에게는 [애인] [남자 친구] [여자 친구]이/가 있는데, 지금 결혼을 생각하고 있다.

2 [恋人][彼][彼女]ができる
- 息子は[恋人][彼女]ができて、家族に紹介してくれた。
  아들은 [애인] [여자 친구]이/가 생겨서 가족에게 소개해 주었다.
- 姉は、高校に入ってから[恋人][彼]ができて、毎週デートしている。
  누나(언니)는 고등학교에 들어가서 [애인] [남자 친구]이/가 생겨서 매주 데이트를 하고 있다.

3 [恋人][彼][彼女]になる
- 高校のクラスメートと恋人になった。
  고등학교 반 친구와 연인이 되었다.
- 山田さんは先輩の[彼][彼女]になった。
  야마다 씨는 선배의 [남자 친구] [여자 친구]가 되었다.
- ★ 「〜と ~와/과」는 「恋人 애인, 연인」에만 쓴다.
  りんさんと[彼][彼女]になる。(×)

4 [恋人][彼][彼女]を作る
- 大学生になったら、[恋人][彼][彼女]を作りたい。
  대학생이 되면 [애인] [남자 친구] [여자 친구]을/를 만들고 싶다.

5 [恋人][彼][彼女]と別れる
- [恋人][彼][彼女]と別れて、外国へ留学することにした。
  [애인] [남자 친구] [여자 친구]과/와 헤어지고 외국으로 유학 가기로 했다.

6 [恋人][彼][彼女]をふる
- 木村さんは、[恋人][彼][彼女]をふって、他の人と結婚した。
  기무라 씨는 [애인] [남자 친구] [여자 친구]을/를 차고 다른 사람과 결혼했다.
- ★ 수동 표현으로 「[恋人][彼][彼女]にふられる [애인] [남자 친구] [여자 친구]에게 차이다」라고도 자주 사용한다.
  예) [恋人][彼][彼女]にふられて、悲しい。
  [애인] [남자 친구] [여자 친구]에게 차여서 슬프다.

パーティー

파티

N5

1

に 出る(で) (II)
出席する(しゅっせき) (III)
~에 참석하다, 출석하다

2

に 行く(い) (I)
~에 가다

↔ 来る(く) (III)
오다

3

に 招待する(しょうたい)
~에 초대하다 (III)

4

に 誘う(さそ) (I)
~에 권하다

5

を する (III)
~를 하다

6

を 開く(ひら) (I)
~를 열다

1~6은 「飲み会(のみかい) 회식」, 「宴会(えんかい) 연회」, 「忘年会(ぼうねんかい) 송년회」 등 다양한 모임이나 행사에 사용한다.

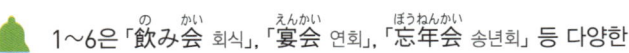

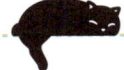

사람・교제 → 파티

1	パーティーに{出る/出席する}	・来週のパーティーに{出る/出席する}かどうか、今日中に返事をしなければならない。 다음 주 파티에 {참석하는/출석하는}지 여부에 대해서 오늘 중으로 답을 해야만 한다.
2	パーティーに行く ↔ 来る	・着物を着てパーティーに行ったら、外国人のお客さんに喜ばれた。 기모노를 입고 파티에 갔더니 외국인 손님이 좋아했다. ・案内の知らせをたくさん出したので、大勢の人がパーティーに来た。 안내 소식을 많이 보냈기 때문에 많은 사람들이 파티에 왔다.
3	パーティーに招待する	・友だちをたくさん結婚式のパーティーに招待した。 친구들을 많이 결혼식 파티에 초대했다.
4	パーティーに誘う	・「楽しそうだから一緒に行こう。」と、友だちをクリスマスパーティーに誘った。 '재미있을 것 같으니까 같이 가자.'하고, 친구를 크리스마스 파티에 권했다(초대했다).
5	パーティーをする	・試験が終わったら、クラスのみんなと一緒にパーティーをする予定だ。 시험이 끝나면 반 친구들과 함께 파티를 할 예정이다.
6	パーティーを開く	・娘の友だちを呼んで、娘の誕生日パーティーを開いた。 딸의 친구를 불러서 딸 생일 파티를 열었다.

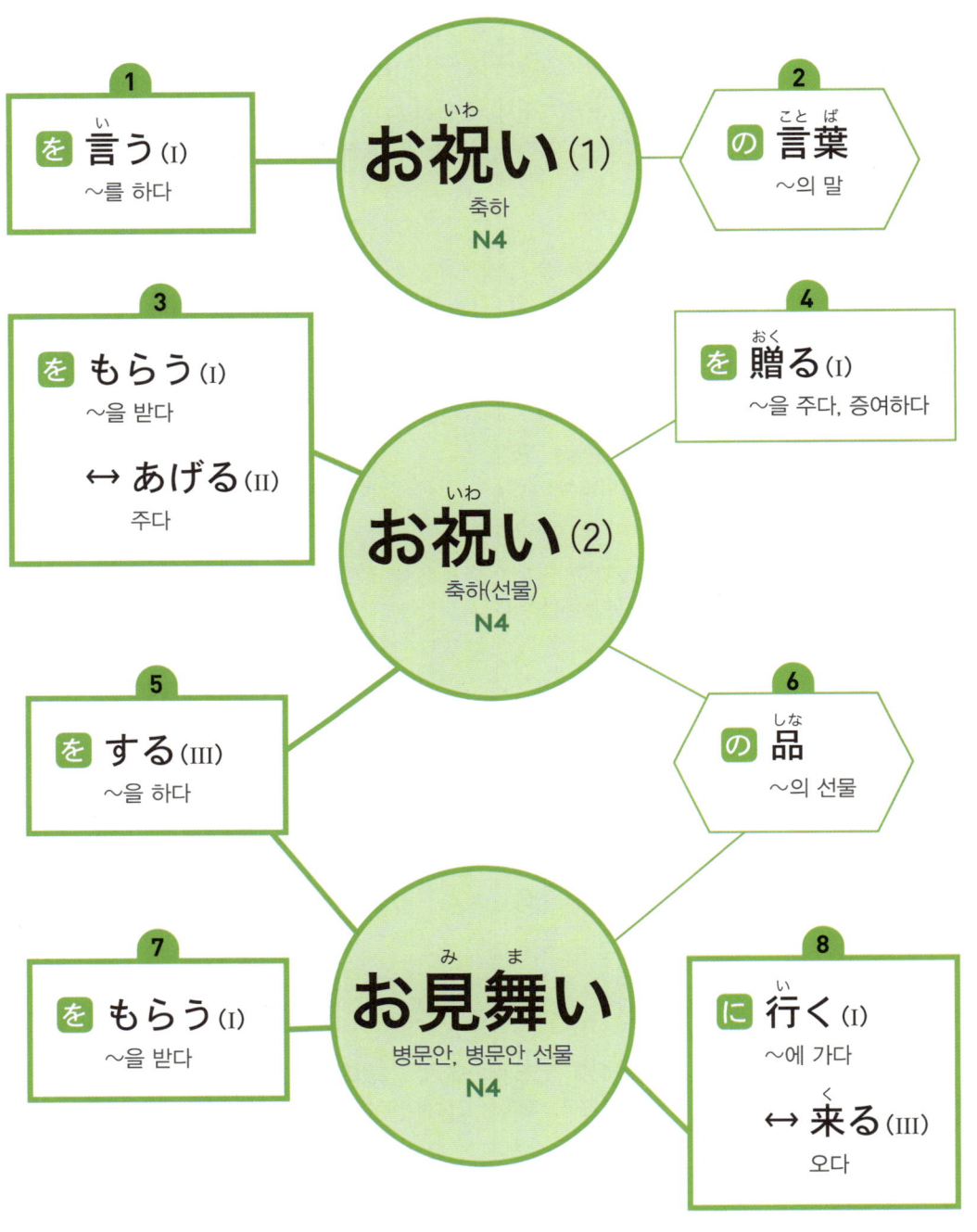

🔔 「お祝い(1)」은 축하의 말, 「お祝い(2)」는 축하의 뜻으로 전하는 물건이나 돈을 말한다.
「お見舞いをする 병문안을 가다」는 건강 회복을 바라며 선물로 무언가를 주는 것을 의미한다.

사람・교제 → 축하(1) / 축하(2) / 병문안

1	お祝いを言う	・校長先生は、学生に卒業のお祝いを言ってくださった。 교장 선생님은 학생들에게 졸업 축하 말씀을 해 주셨다.
2	お祝いの言葉	・誕生日カードにお祝いの言葉を書いて、友だちに渡した。 생일 카드에 축하의 말을 적어 친구에게 건넸다.
3	お祝いをもらう ↔ あげる	・友だち{に／から}結婚のお祝いをもらった。 친구{에게／로부터} 결혼 축하 선물을 받았다. ・兄に誕生日のお祝いをあげた。 오빠(형)에게 생일 축하 선물을 주었다.
4	お祝いを贈る	・祖母が、私に大学入学のお祝いを贈ってくれた。 할머니께서 나에게 대학 입학 선물을 주셨다.
5	[お祝い][お見舞い] をする	・娘が試験に合格したら、うちでお祝いをしよう。 딸이 시험에 합격하면 집에서 축하를 하자. ・入院されている部長の奥さんに社員でお見舞いをした。 입원해 있는 부장님의 사모님께 사원들이 병문안을 했다.
6	[お祝い][お見舞い] の品	・弟に子どもが生まれたので、お祝いの品を送った。 남동생에게 아이가 태어나서 축하 선물을 보냈다. ・入院したら、会社からお見舞いの品が届いた。 입원했더니 회사로부터 병문안 선물이 도착했다.
7	お見舞いをもらう	・入院したとき、友だち{に／から}お見舞いをもらった。 입원했을 때 친구(에게／로부터) 병문안 선물을 받았다.
8	お見舞いに行く ↔ 来る	・病気の祖父のところへお見舞いに行った。 병상에 계신 할아버지께 병문안을 갔다. ・入院中、友だちが毎日病院にお見舞いに来てくれた。 입원 중에 친구가 매일 병원에 병문안을 와 주었다.

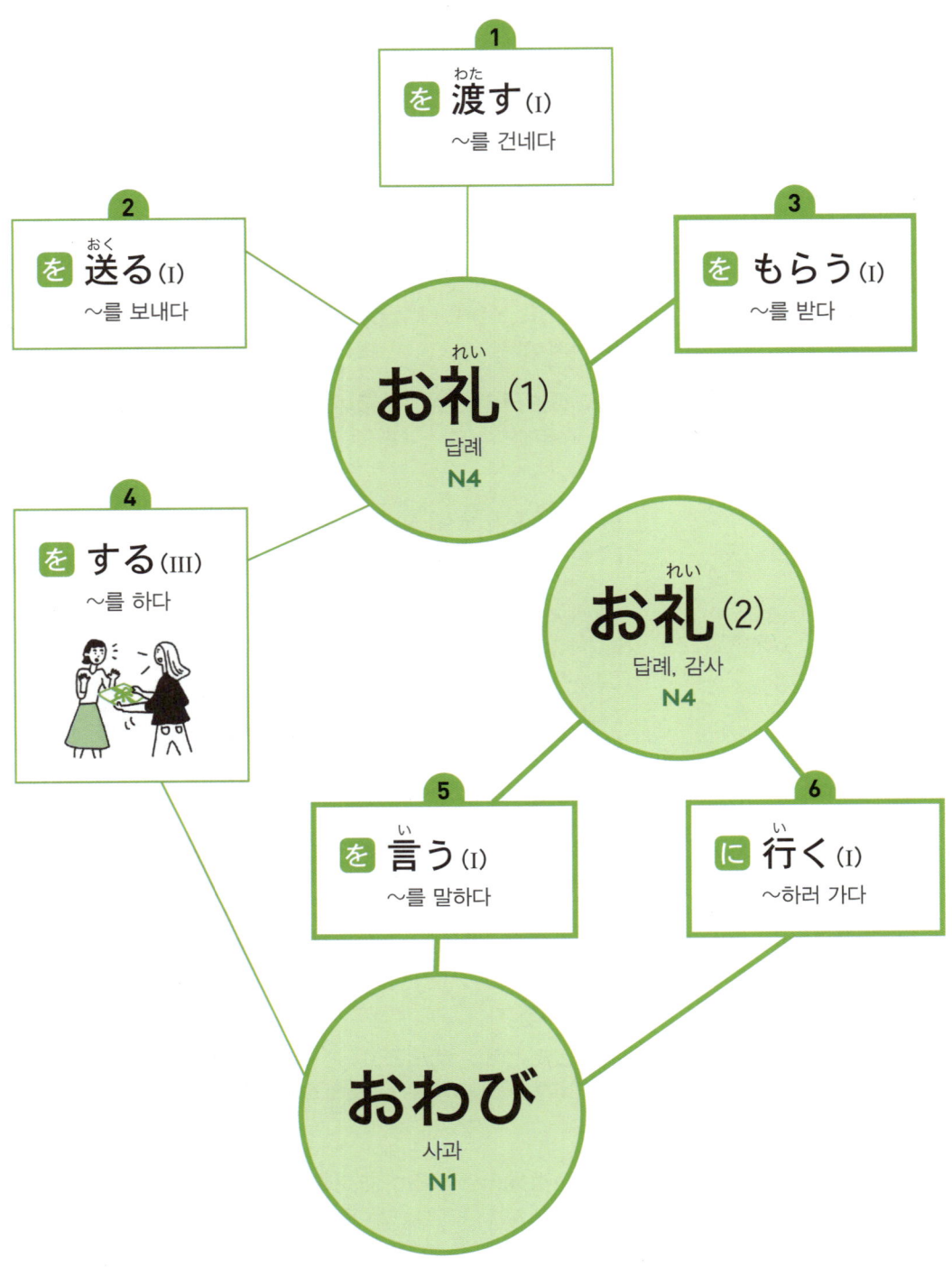

🔔 「お礼(1)」은 감사의 물건을 말하고, 「お礼(2)」는 감사의 말이나 행위를 말한다.

사람 · 교제 → 답례(1) / 답례(2) / 사과

1 お礼を渡す
- 友だちが私の結婚パーティーの準備をしてくれたので、お礼を渡した。
  친구가 나의 결혼 파티 준비를 해 주어서 답례를 건넸다.

2 お礼を送る
- 病気のとき同僚にお世話になったので、お礼を送った。
  병에 걸렸을 때 동료에게 신세를 져서 답례를 보냈다.

3 お礼をもらう
- 後輩に仕事を紹介してあげたら、お礼をもらった。
  후배에게 일을 소개해 주었더니 답례를 받았다.

4 [お礼][おわび]をする
- 入院中にお世話になった看護師さんたちにお礼をした。
  입원 중에 신세를 진 간호사님들에게 답례를 했다.
- 人にひどく迷惑をかけたときは、あやまるだけではなくて、おわびをした方がいい。
  타인에게 심하게 폐를 끼쳤을 따는 말로 사과할 뿐만 아니라 사과의 선물을 하는 것이 좋다.
- ★「おわび(を)する 사과하다」는 사과하기 위해 무언가를 줄 때도 사용한다.

5 [お礼][おわび]を言う
- バスで席を譲ってもらったので、お礼を言った。
  버스에서 자리를 양보해 주어서 감사 인사를 했다.
- 電車で隣の人の足を踏んでしまって、おわびを言った。
  전철에서 옆 사람의 발을 밟아 버려서 사과를 했다.

6 [お礼][おわび]に行く
- 祖母から就職のお祝いが届いたので、祖母のところへお礼に行った。
  할머니께서 취직 축하금을 보내셔서 할머니께 감사 인사를 드리러 갔다
- 子どもがクラスメートにけがをさせてしまったので、家までおわびに行った。
  아이가 급우에게 부상을 입히고 갈아서 집까지 사과하러 갔다.

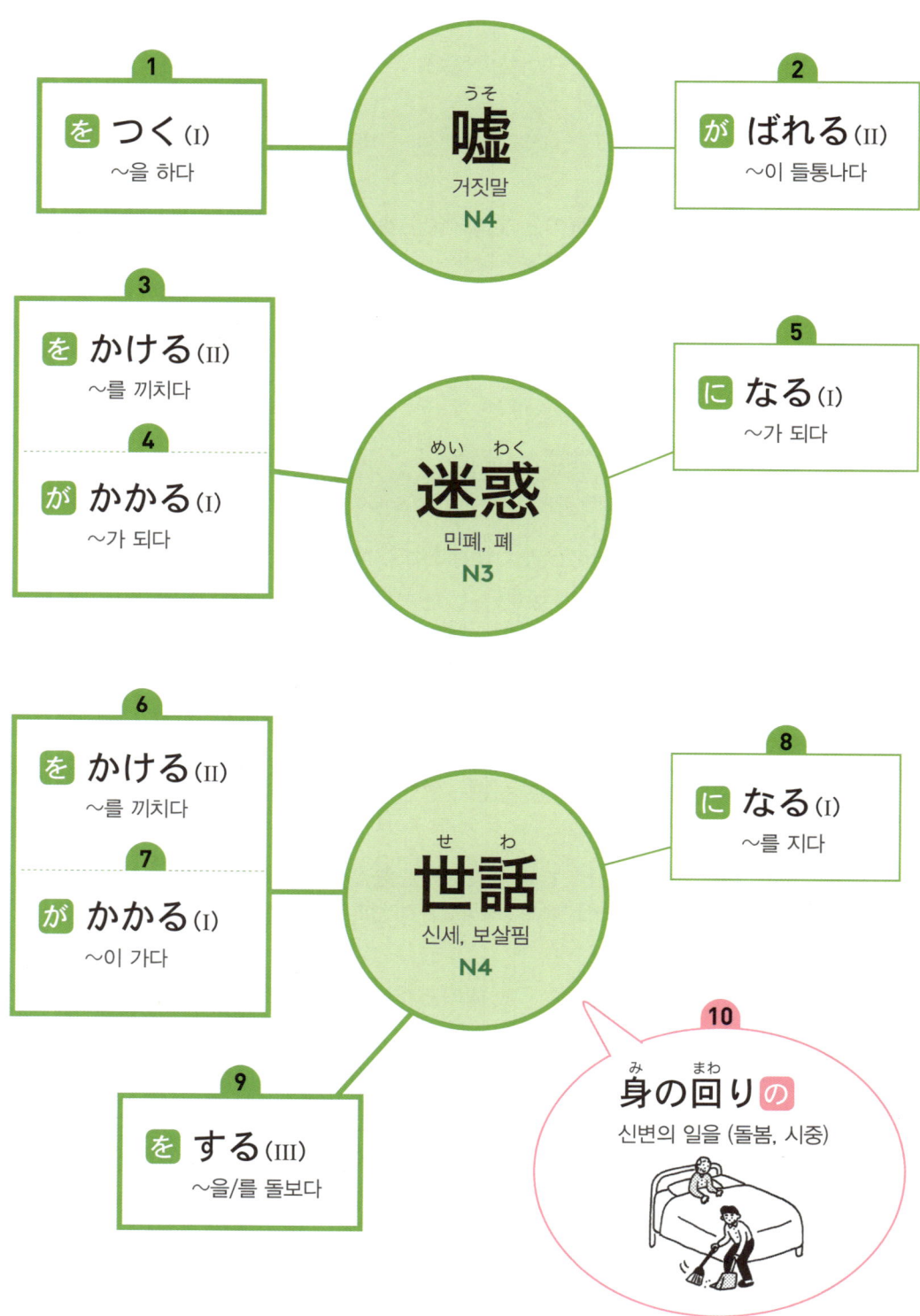

1 を つく(I) ～을 하다
2 が ばれる(II) ～이 들통나다
嘘 うそ 거짓말 N4

3 を かける(II) ～를 끼치다
4 が かかる(I) ～가 되다
5 に なる(I) ～가 되다
迷惑 めいわく 민폐, 폐 N3

6 を かける(II) ～를 끼치다
7 が かかる(I) ～이 가다
8 に なる(I) ～를 지다
世話 せわ 신세, 보살핌 N4
9 を する(III) ～을/를 돌보다
10 身の回り の みのまわり 신변의 일을 (돌봄, 시중)

사람 · 교제 → 거짓말 / 민폐 / 신세

1	嘘をつく	・友だちが私に嘘をついていたのは、ショックだった。 친구가 나에게 거짓말을 한 것은 충격이었다.
2	嘘がばれる	・弟が本当のことを話したので、親に嘘がばれて怒られた。 남동생이 사실을 털어놓는 바람에 부모님께 거짓말이 들통나서 혼났다.
3	迷惑をかける	・アルバイトを休んで、仲間に迷惑をかけてしまった。 아르바이트를 쉬어서 동료에게 폐를 끼치고 말았다.
4	迷惑がかかる	・連絡をしないで仕事を休むと、同僚に迷惑がかかる。 연락을 하지 않고 일을 쉬면 동료들에게 폐가 된다.
5	迷惑になる	・近所の迷惑になるので、夜に騒ぐのはよくない。 이웃에게 민폐가 되므로 밤에 떠드는 것은 좋지 않다.
6	世話をかける	・入院して、家族に世話をかけた。 입원해서 가족들에게 신세를 졌다.
7	世話がかかる	・ペットをたくさん飼うのは、世話がかかる。 반려동물을 많이 기르는 것은 손이 많이 간다.
8	世話になる	・私は大学生のとき、伯父の家で伯父夫婦{の／に}世話になっていた。 나는 대학생 때 큰아버지 댁에서 큰아버지 부부{의/께} 신세를 졌었다.
9	世話をする	・アンさんは、毎日、小さい妹の世話をしている。 앤 씨는 매일 어린 여동생을 돌보고 있다. ★ 사람뿐만 아니라 동물이나 식물에도 사용한다. 예) ペットの世話をする。庭のバラの世話をする。 반려동물을 돌보다. 정원의 장미를 돌보다.
10	身の回りの世話	・病気の父の身の回りの世話をしている。 병든 아버지를 보살펴 드리고 있다.

10 人・交際   확인문제

1 「～をする」의 형태로 쓸 수 있는 말을 모두 찾아 ○표 하세요.

> 世話　お祝い　お見舞い　嘘　おわび　お礼　恋人　パーティー

2 「～をもらう」의 형태로 쓸 수 있는 말을 모두 찾아 ○표 하세요.

> 迷惑　お祝い　嘘　お見舞い　お礼　世話

3 함께 쓸 수 있는 말을 [ ]에서 모두 골라 ○표 하세요.
① 恋人を　　　[いる　作る　できる　なる　別れる]
② パーティーに [誘う　来る　出す　行く　出る]
③ お祝いを　　[言う　来る　贈る　行く　なる]
④ お礼を　　　[行く　渡す　送る　言う　来る]

4 밑줄 친 부분이 맞으면 ○표를 하고 틀리면 알맞게 고쳐서 (　)에 넣으세요.
① 私が入院しているとき、恋人が毎日病院にお見舞いに<u>行って</u>
　（→　　　　　）くれてうれしかった。
② 大学が、卒業のパーティーを<u>開ける</u>（→　　　　　）そうだ。
③ 私は体が弱くて、子どもたちに世話を<u>かかって</u>（→　　　　　）いる。
④ 夜、大きな音で音楽を聞くのは、迷惑に<u>する</u>（→　　　　　）から、やめよう。
⑤ 私は、クラスメートに誕生日のお祝いを<u>あげた</u>（→　　　　　）。

5 { }에서 올바른 쪽을 골라 ◯표 하세요.

① 私は、祖母の { 身の回り　　身の上 } の世話をしている。
② 先生が入院したので、お見舞いの { 事　　品 } を届けた。
③ 息子が友だちにけがをさせてしまったので、友だちの家までおわびに
　 { 行った　　なった }。
④ 仕事が忙しいときに休みを取ると、他の人に迷惑が { かりる　　かかる }。
⑤ 友だちを誕生日のパーティーに { 紹介した　　招待した }。

6 ☐에서 단어를 골라 적당한 형태로 바꿔서 [ ] 안에 넣으세요. 각 단어는 한 번밖에 고를 수 없습니다.

しな　　つく　　ふる　　ばれる　　かける　　しゅっせきする

彼女と一緒に先輩の結婚式のパーティーに [① 　　　　] ことになった。二人でお祝いの [② 　　　　] を買いに行ったが、私は何がいいかわからなかった。それで、全部彼女にお願いして帰った。パーティーの日、寝坊して遅れて行ったら、彼女は怒っていた。迷惑を [③ 　　　　] たのだから当たり前だと思う。でも、私はあやまらずに「仕事のせいで遅れた。」と嘘を [④ 　　　　] た。すると、すぐに嘘が [⑤ 　　　　] て、彼女に [⑥ 　　　　] てしまった。

7 ( )에 들어갈 말은 무엇입니까? 1〜4에서 가장 알맞은 것을 고르세요.

① 道で人にぶつかってしまって、おわびを (　　)。
　　1 話した　　2 しゃべった　　3 ついた　　4 言った
② 私はアメリカに留学していたとき、叔母の世話に (　　) いた。
　　1 かけて　　2 つけて　　3 なって　　4 とって
③ 大学に合格して、先生からお祝いの (　　) をもらった。
　　1 言葉　　2 話　　3 迷惑　　4 嘘

55~59

11 趣味（しゅみ）・スポーツ

취미 스포츠

1 を かける(II)
~을 틀다

2 が かかる(I)
~이 나오다

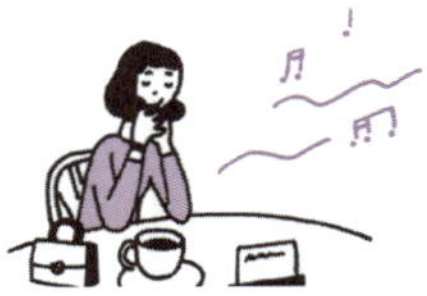

音楽（おんがく）
음악
N5

3 を 流す（ながす）(I)
~을 내보내다

4 が 流れる（ながれる）(II)
~이 흐르다

5 を 演奏する（えんそうする）(III)
~를 연주하다

楽器（がっき）
악기
N2

6 が できる(II)
~를 다룰 수 있다

1~5는 「曲（きょく） 곡」, 1~4는 「歌（うた） 노래」에도 사용한다.

취미 · 스포츠 → 음악 / 악기

1	音楽をかける	私はよく音楽をかけながら、料理をしている。 나는 자주 음악을 틀어 놓고 요리를 하고 있다.
2	音楽がかかる	この喫茶店では、いつも新しい音楽がかかっている。 이 찻집에서는 언제나 새로운 음악이 나온다.
3	音楽を流す	一日中ずっと音楽を流しているラジオ番組がある。 하루 종일 계속 음악을 틀어 주는 라디오 프로그램이 있다.
4	音楽が流れる	街を歩いていると、どこかからきれいな音楽が流れてきた。 거리를 걷고 있었는데 어디선가 아름다운 음악이 흘러나왔다.
5	楽器を演奏する	「あなたは何か楽器を演奏することができますか。」 "당신은 무엇인가 악기를 연주할 수 있습니까?"
6	楽器ができる	私は何も楽器ができないが、歌うことは大好きだ。 나는 아무런 악기도 다룰 수 없지만 노래하는 것은 무척 좋아한다.

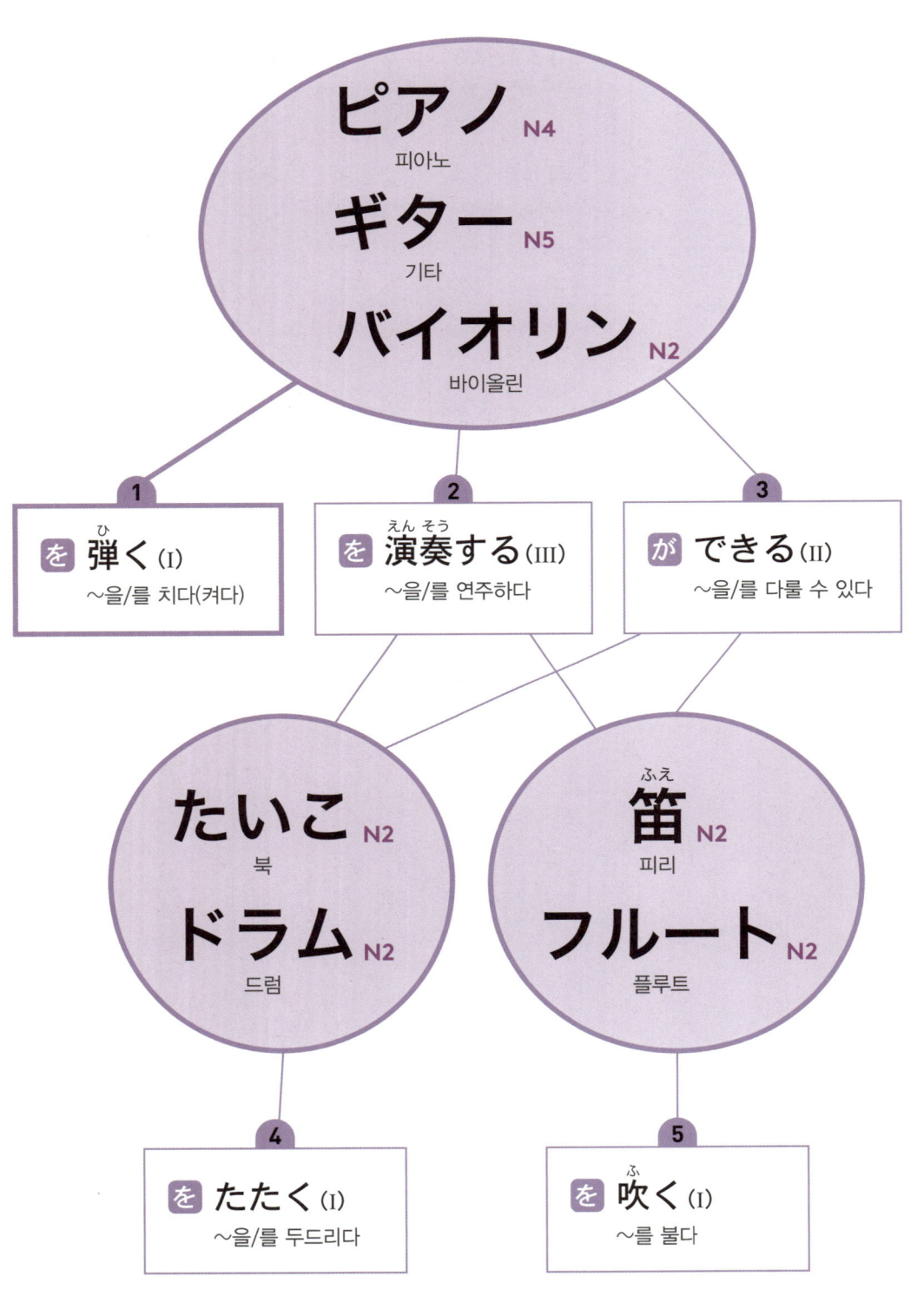

취미 · 스포츠 → 피아노/기타/바이올린/북/드럼/피리/플루트

1	[ピアノ][ギター] [バイオリン]を弾く	• 私の趣味は、[ピアノ][ギター][バイオリン]を弾くことだ。 내 취미는 [피아노][기타][바이올린]를/을 치는(켜는) 것이다. ★ 「弾く 연주하다」는 그 밖에도 여러 현악기에 사용한다.
2	[ピアノ][ギター] [バイオリン] [たいこ][ドラム] [笛][フルート] を演奏する	• 学校のコンサートで、[ピアノ][ギター][バイオリン][たいこ][ドラム][笛][フルート]を演奏した。 학교 콘서트에서 [피아노][기타][바이올린][북][드럼][피리][플루트]를/을 연주했다. ★ 「演奏する 연주하다」는 그 밖에도 여러 악기에 사용한다.
3	[ピアノ][ギター] [バイオリン] [たいこ][ドラム] [笛][フルート] ができる	• 私は、[ピアノ][ギター][バイオリン][たいこ][ドラム][笛][フルート]ができる。 나는 [피아노][기타][바이올린][북][드럼][피리][플루트]를/을 할 줄 안다. ★ 「できる 할 수 있다」는 그 밖에도 연습이 필요한 여러 악기에 사용한다.
4	[たいこ][ドラム] をたたく	• 町の行事で、子どもたちがたいこをたたいた。 마을의 행사에서 아이들이 북을 쳤다. • 弟は、バンドでドラムをたたいている。 남동생은 밴드에서 드럼을 치고 있다. ★ 「たたく 치다, 두드리다」는 여러 타악기에 사용한다.
5	[笛][フルート] を吹く	• お祭りで笛を吹くので、今、練習をしている。 축제에서 피리를 불기 때문에 지금 연습을 하고 있다. • オーケストラでフルートを吹いている。 오케스트라에서 플루트를 불고 있다. ★ 「笛 피리」에는 「ホイッスル 호루라기」라는 의미도 있다. ★ 「吹く 불다」는 그 밖에도 여러 관악기에도 사용한다.

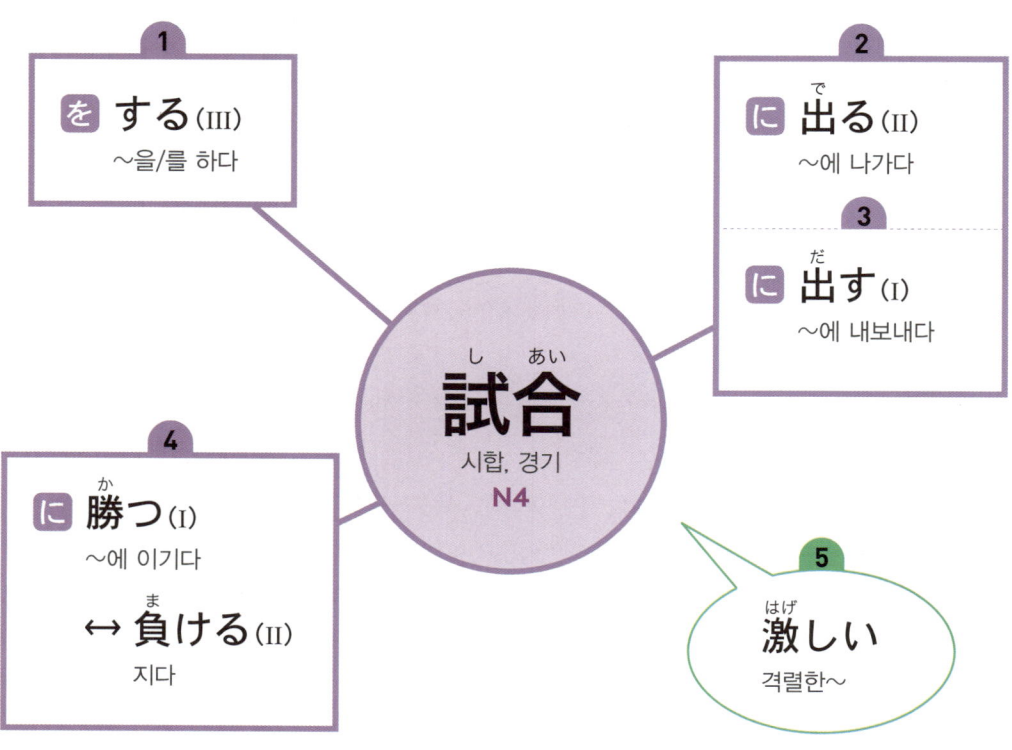

🔔 교통수단의 티켓인 경우 「切符 표」라고도 한다.

취미 · 스포츠 → 시합/티켓

1	試合をする	• 今日は一日テニスの試合をして、疲れた。 오늘 하루 종일 테니스 시합을 해서 피곤하다.
2	試合に出る	• 来週サッカーの試合に出るので、毎日練習している。 다음 주 축구 시합에 나가기 때문에 매일 연습하고 있다.
3	試合に出す	• コーチは、チームの選手を全員試合に出した。 코치는 팀 선수들을 모두 경기에 내보냈다.
4	試合に勝つ ↔ 負ける	• オリンピックで、私の国は、バレーボールの試合に勝った。 올림픽에서 우리나라는 배구 경기에서 이겼다. • 毎日練習していたのに、試合に負けて、悔しい。 매일 연습했는데 시합에 져서 분하다.
5	激しい試合	• 明日のラグビーは、世界で1位と2位の強いチームがやるから、激しい試合になるだろう。 내일 럭비는 세계에서 1위와 2위의 강팀이 하기 때문에 격렬한 경기가 될 것이다.
6	チケットをとる	• 旅行のために、早く新幹線のチケットをとっておいた。 여행을 위해서 빨리 신칸센 티켓을 끊어 두었다.
7	チケットがとれる	• 私の好きな歌手は、人気がすごくて、なかなかコンサートのチケットがとれない。 내가 좋아하는 가수는 인기가 대단해서 좀처럼 콘서트 티켓을 구할 수 없다.
8	チケットが売れる	• オリンピックは、すぐにチケットが売れてなくなってしまうそうだ。 올림픽은 금방 티켓이 팔려서 없어지고 만다고 한다.

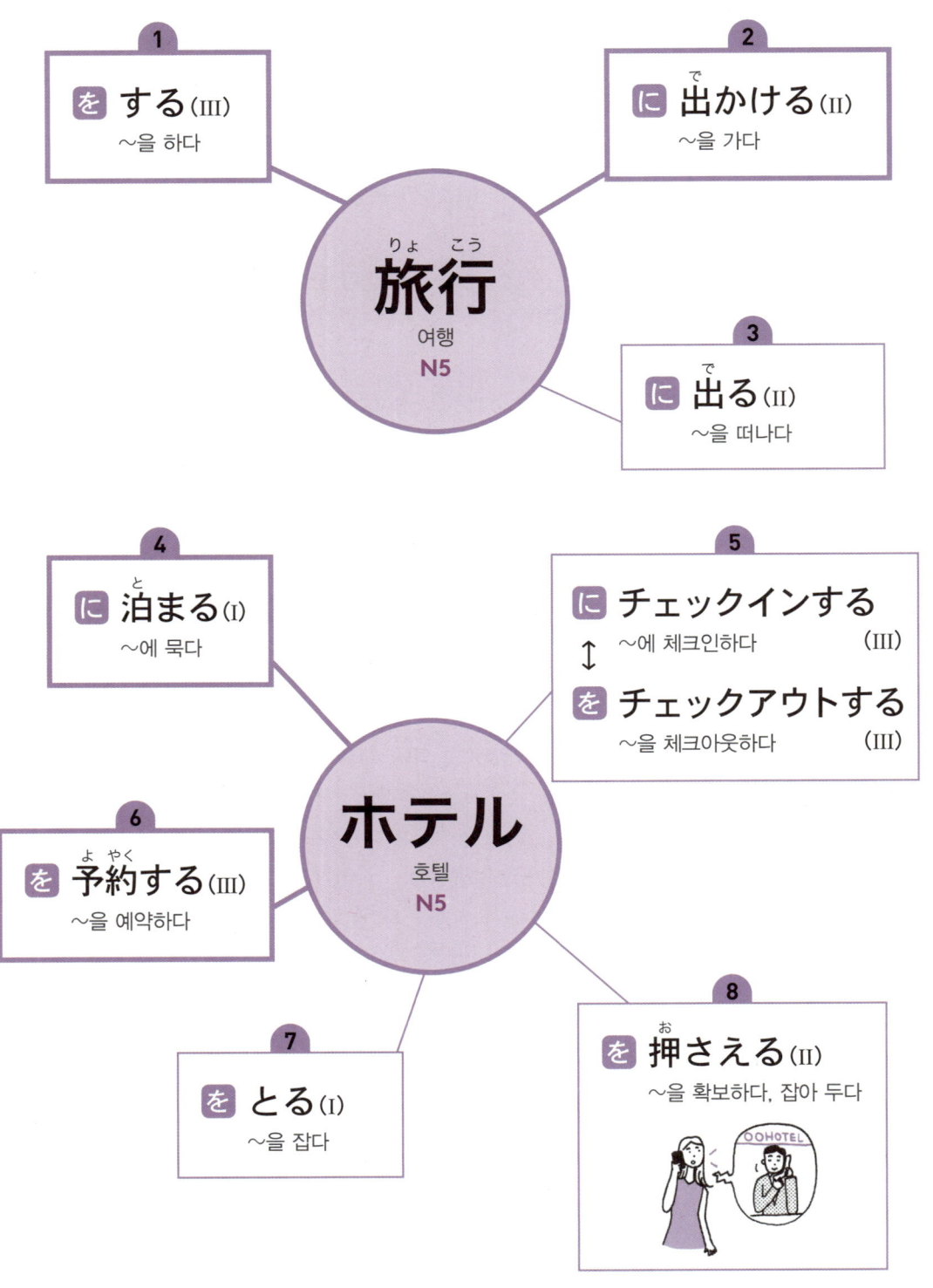

취미 · 스포츠 → 여행/호텔

1	旅行をする	・私は長い休みになると、たいてい旅行をする。 나는 긴 방학이 되면 대개 여행을 한다.
2	旅行に出かける	・ゴールデンウィークは、旅行に出かける人が多い。 황금연휴 때는 여행을 가는 사람이 많다.
3	旅行に出る	・息子は今、旅行に出ていて、うちにいない。 아들은 지금 여행을 떠나서 집에 없다.
4	ホテルに泊まる	・京都に行くときは、いつも同じホテルに泊まる。 교토에 갈 때는 늘 같은 호텔에 묵는다.
5	ホテルにチェックインする ↕ ホテルをチェックアウトする	・着いてすぐホテルにチェックインして、食事に出かけた。 도착하자마자 호텔에 체크인하고 식사하러 나갔다. ・朝10時までに、ホテルをチェックアウトしなければならない。 아침 10시까지 호텔을(에서) 체크아웃하지 않으면 안 된다.
6	ホテルを予約する	・旅行に行くときは、まずホテルを予約する。 여행을 갈 때는 먼저 호텔을 예약한다.
7	ホテルをとる	・出張のために、大阪にホテルをとった。 출장을 위해서 오사카에 호텔을 잡았다.
8	ホテルを押さえる	・正月に旅行したいが、混むから、早くホテルを押さえておこう。 정월에 여행하고 싶은데 붐비니까 빨리 호텔을 잡아 두자.

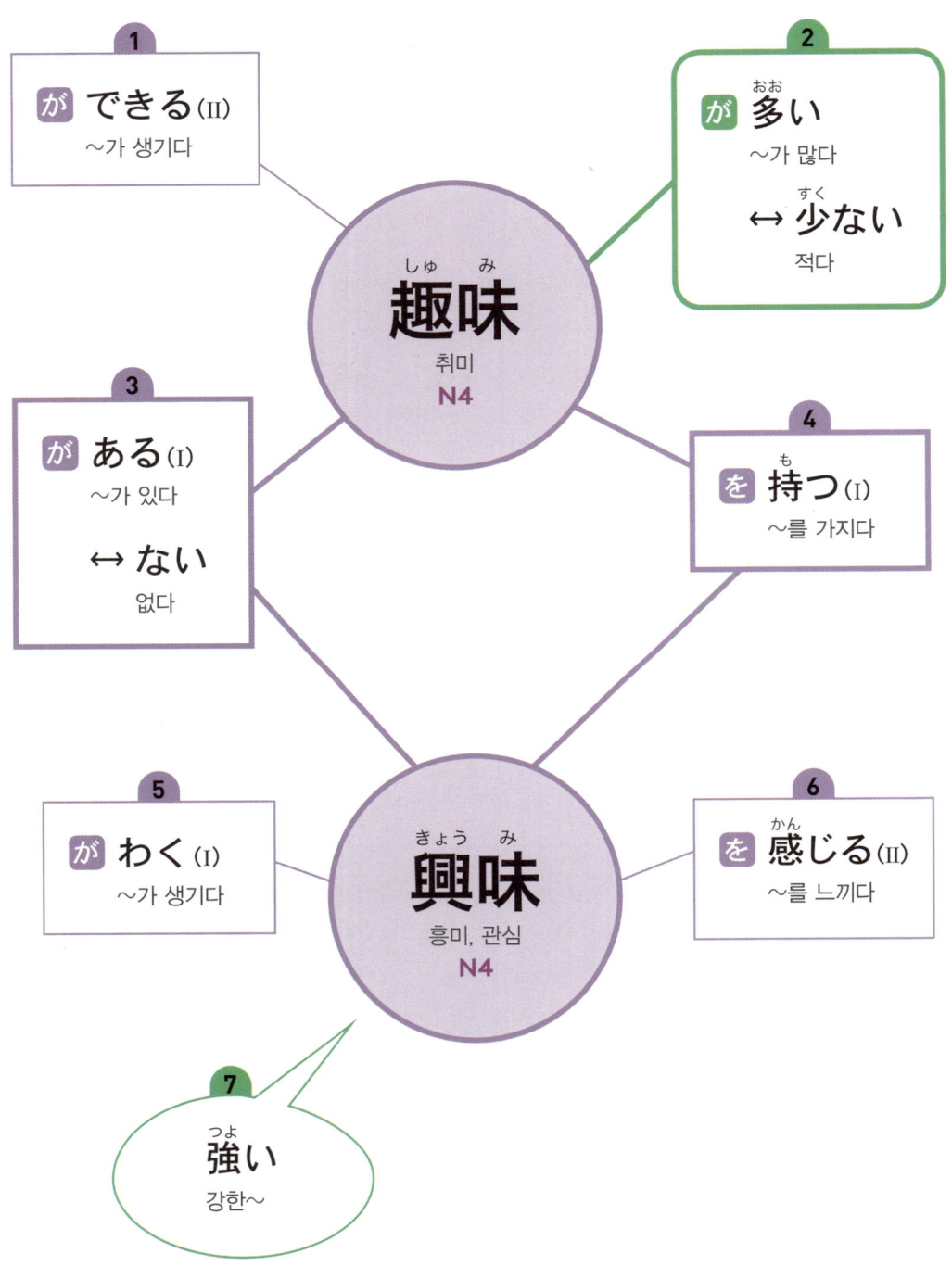

취미·스포츠 → 취미/흥미

1	趣味ができる	・日本に来て、絵を描く趣味ができた。 일본에 와서 그림 그리는 취미가 생겼다.
2	趣味が多い ↔ 少ない	・友だちは趣味が多くて、歌、旅行といろいろ楽しんでいる。 친구는 취미가 많아서 노래나 여행 등 다양하게 즐기고 있다.
3	[趣味][興味] がある ↔ ない	・趣味があると、生活が楽しくなる。 취미가 있으면 생활이 즐거워진다. ・兄には、小説を書く趣味がある。 형(오빠)에게는 소설을 쓰는 취미가 있다. ・私は何も趣味がないので、休みの日はテレビばかり見ている。 나는 아무 취미가 없어서 쉬는 날은 TV만 보고 있다. ・私は、外国の文化に興味がある。 나는 외국의 문화에 흥미가(관심이) 있다. ・友だちと違って、私はゲームに興味がない。 친구와 달리 나는 게임에 흥미가(관심이) 없다.
4	[趣味][興味]を持つ	・ストレスをなくすためには、何か趣味を持つといいそうだ。 스트레스를 없애기 위해서는 무엇인가 취미를 가지면 좋다고 한다. ・小さいころは、いろいろなものに興味を持っていた。 어렸을 적에는 다양한 것에 흥미를 가지고 있었다.
5	興味がわく	・大学で講義を受けて、だんだん経済に興味がわいてきた。 대학에서 강의를 듣고 점점 경제에 흥미가 생겼다.
6	興味を感じる	・小説を読んで、その作者に興味を感じた。 소설을 읽고 그 저자에게 흥미를 느꼈다.
7	強い興味	・私は、日本の歴史に強い興味を持っている。 나는 일본 역사에 강한 흥미를(관심을) 가지고 있다.

⑪ 趣味・スポーツ　확인문제

1　「～を演奏する」의 형태로 쓸 수 있는 말을 모두 찾아 ○표 하세요.

　　ピアノ　　ホテル　　バイオリン　　ギター　　試合　　音楽

2　□에서 해당되는 단어를 모두 골라 [ ]에 넣으세요.

　　ピアノ　　フルート　　ギター　　ドラム　　バイオリン

　① [　　　　　　] を弾く
　② [　　　　　　] を吹く
　③ [　　　　　　] をたたく

3　함께 쓸 수 있는 말을 [ ]에서 모두 골라 ○표 하세요.
　① 試合に　[する　負ける　出る　持つ　かかる]
　② ホテルを [チェックインする　チェックアウトする　予約する　出す　なる]
　③ 趣味が　[ある　わく　持つ　できる　多い]
　④ 音楽を　[する　流す　打つ　弾く　吹く]
　⑤ 興味が　[なる　出る　とる　持つ　わく]

4　밑줄 친 부분이 맞으면 ○표를 하고 틀리면 알맞게 고쳐서 ( )에 넣으세요.
　① 隣の家では、いつも外国の音楽をかかって（→　　　　　）いる。
　② 先生は、私を試合に出て（→　　　　　）くれなかった。
　③ 私は今、駅の近くのホテルに泊めて（→　　　　　）います。
　④ 娘は、英語の勉強に全然興味がない（→　　　　　）ようだ。
　⑤ コンサートのチケットは、すぐに売って（→　　　　　）しまって、
　　とれなかった（→　　　　　）。

5 { }에서 올바른 쪽을 골라 ○표 하세요.
① テレビで相撲の｛強い　激しい｝試合を見た。
② 何か楽器が｛できる　演奏する｝ようになりたい。
③ 夏休みの旅行のホテルを｛押さえた　押した｝。
④ 私は、日本のアニメに興味を｛持って　出して｝いる。
⑤ 友だちは旅行に｛出て　出して｝いて、今、留守だそうだ。

6 ☐에서 단어를 골라 적당한 형태로 바꿔서 [　]안에 넣으세요. 각 단어는 한 번밖에 고를 수 없습니다.

| ある　　ひく　　かける　　できる　　ながれる　　つよい |

私がよく行く喫茶店では、いつもすてきな音楽が［①　　　　］ている。お願いすれば、自分の好きな音楽を［②　　　　］てくれる。店にはピアノがあって、店の人は「［③　　　　］てもいいですよ。」と言ってくれるが、私はピアノが［④　　　　］ないので、とても残念だ。音楽には［⑤　　　　］興味が［⑥　　　　］から、いつか何か習いたいと思っている。

7 (　)에 들어갈 말은 무엇입니까? 1~4에서 가장 알맞은 것을 고르세요.
① 旅行するために、ホテルを（　　　）。
　1 出した　　　2 持った　　　3 とった　　　4 待った
② 試合に（　　）ので、毎日練習をしている。
　1 変えたい　　2 勝ちたい　　3 出席したい　　4 紹介したい
③ 私は、中国の文学に興味を（　　）いる。
　1 して　　　　2 思って　　　3 感じて　　　　4 出して

60~63

12 天気(てんき)

날씨

天気(てんき)

날씨

N5

1. が いい
~가 좋다
↔ 悪(わる)い
나쁘다

2. が 変(か)わる (I)
~가 변하다

雨(あめ)

비

N5

3. が 降(ふ)る (I)
~가 오다, 내리다

4. が やむ (I)
~가 멎다, 그치다

5. が 上(あ)がる (I)
~가 그치다, 개다

6. に 濡(ぬ)れる (II)
~에 젖다

7. が 強(つよ)い
~가 세차다
↔ 弱(よわ)い
약하다

8. が 多(おお)い
~가 많다
↔ 少(すく)ない
적다

9. 急(きゅう)な
갑작스러운~

날씨 → 날씨/비

1 天気がいい ↔ 悪い
- 今日は、天気がよくて気持ちがいい。
  오늘은 날씨가 좋아서 기분이 좋다.
- 天気が悪いから、今日はどこにも出かけたくない。
  날씨가 나빠서 오늘은 아무 데도 나가고 싶지 않다.
  いい天気 (○)　悪い天気 (✕)

2 天気が変わる
- 山は天気が変わりやすいから、注意がいる。
  산은 날씨 변덕이 심해서 주의가 필요하다.

3 雨が降る
- 昨日の朝から、ずっと雨が降っている。
  어제 아침부터 계속 비가 내리고 있다.

4 雨がやむ
- 雨がやんでいる間に、買い物に出かけよう。
  비가 그친 사이에 쇼핑하러 나가자.

5 雨が上がる
- 雨が上がって、だんだん空が明るくなってきた。
  비가 그치고 점점 하늘이 밝아졌다.

6 雨に濡れる
- ひどく雨に濡れて、かぜをひいてしまった。
  심하게 비에 젖어서 감기에 걸리고 말았다.

7 雨が強い ↔ 弱い
- 台風のせいで、雨が強くなってきた。
  태풍 탓에 비가 세차게 오기 시작했다.
- 雨が弱くなってきたから、もうすぐやむかもしれない。
  비가 약해졌으니까 이제 곧 그칠지도 모른다.

8 雨が多い ↔ 少ない
- 雨が多すぎると、農業に影響がある。
  비가 너무 많이 오면 농업에 영향이 있다.
- 去年の梅雨は、雨が少なかった。
  작년 장마 때는 비가 적었다.

9 急な雨
- いつも傘を持っているので、急な雨でも大丈夫だ。
  항상 우산을 가지고 있기 때문에 갑작스럽게 비가 와도 괜찮다.

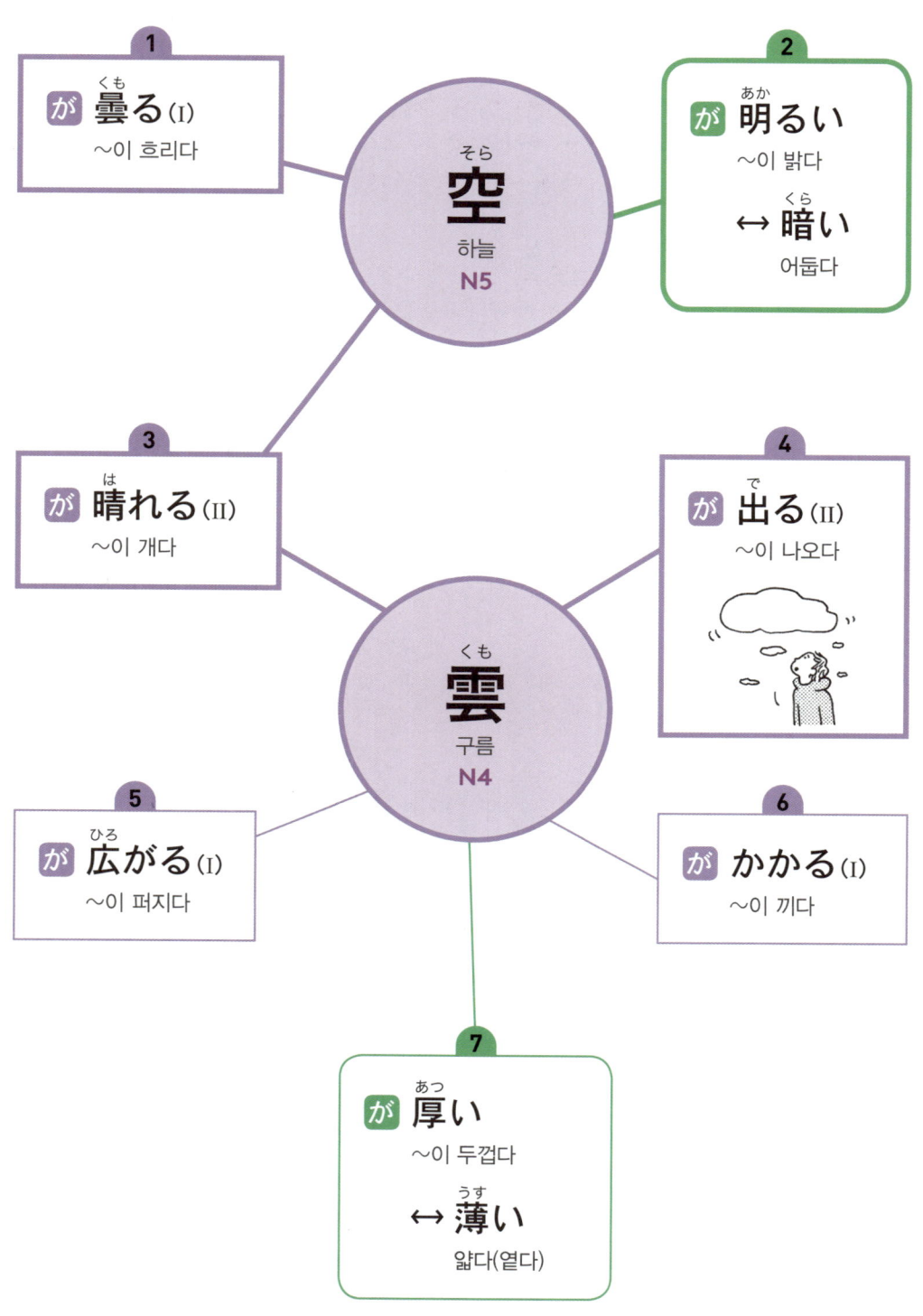

날씨 → 하늘/구름

1	空が曇る	・空が曇っているから、洗濯物があまり乾かないかもしれない。 하늘이 흐려 빨래가 잘 마르지 않을지도 모른다.
2	空が明るい ↔ 暗い	・朝が近づいて、空が明るくなってきた。 아침이 다가와서 하늘이 밝아 왔다. ・急に空が暗くなって、雷が鳴り始めた。 갑자기 하늘이 어두워지고 천둥이 치기 시작했다.
3	[空] [雲] が晴れる	・雲がなくなって、空が晴れてきた。 구름이 사라지고 하늘이 맑아졌다. ・雲が晴れて、太陽が見え始めた。 구름이 걷히고 해가 보이기 시작했다. 天気が晴れる (×)
4	雲が出る	・晴れているが、雲が出ているから、あまり暑くない。 맑지만 구름이 나와 있어서 그다지 덥지 않다.
5	雲が広がる	・晴れていたのに、北の方からだんだん雲が広がってきた。 맑았는데 북쪽에서 점점 구름이 더지기 시작했다.
6	雲がかかる	・月に雲がかかって、半分しか見えない。 달에 구름이 끼어서 반밖에 보이지 않는다.
7	雲が厚い ↔ 薄い	・今日は雲が厚くて、空が暗い。 오늘은 구름이 두꺼워서 하늘이 어둡다. ・雲が薄くなって、しばらくすると消えてしまった。 구름이 옅어지다가 잠시 후 사라져 버렸다.

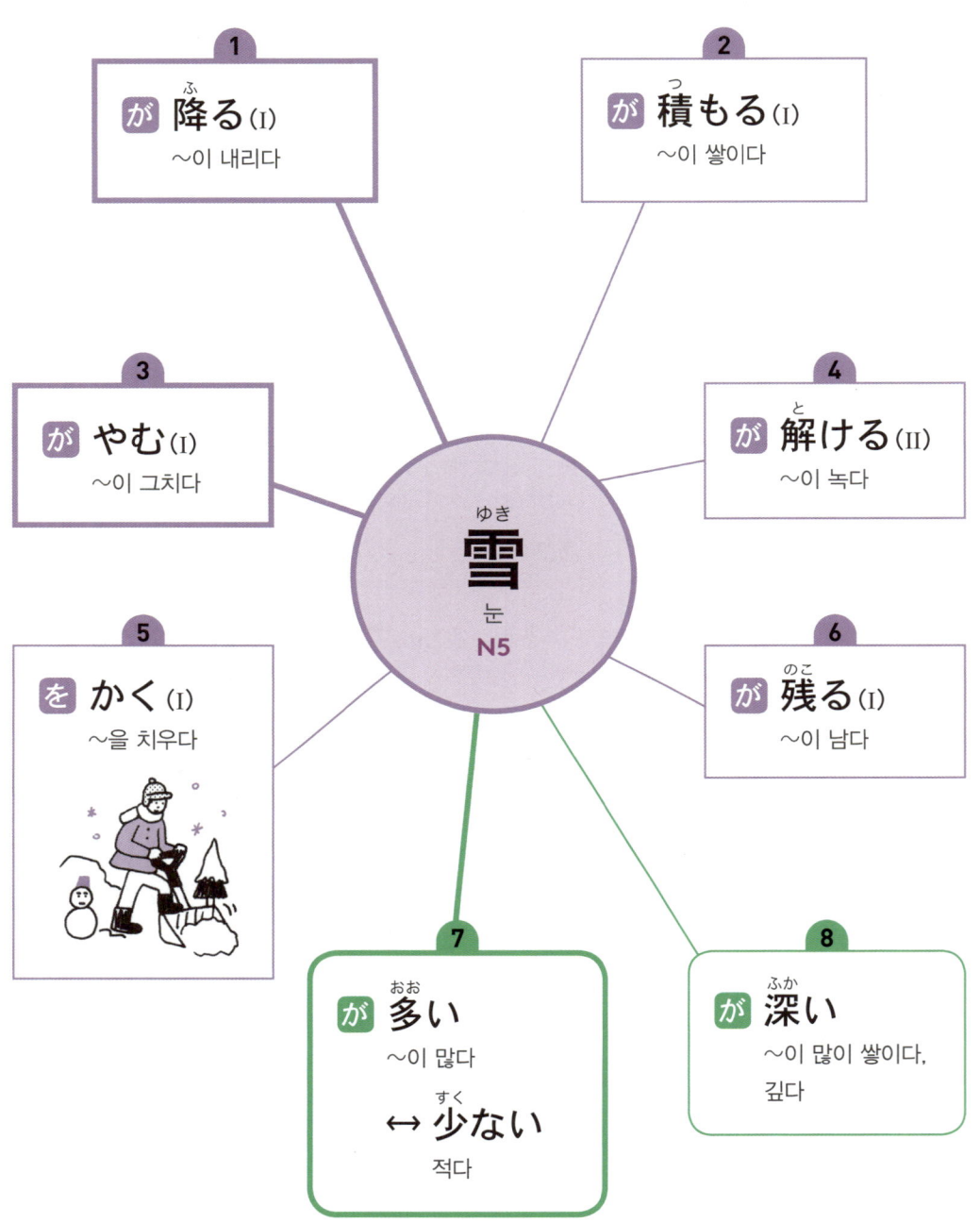

날씨 → 눈

1. 雪が降る
- 12月に入ってから、毎日雪が降っている。
  12월에 들어서 매일 눈이 내리고 있다.

2. 雪が積もる
- 昨日だけで、1m も雪が積もった。
  어제만 1미터나 눈이 쌓였다.

3. 雪がやむ
- 1週間ずっと降っていた雪が、やっとやんだ。
  일주일 내내 내리던 눈이 겨우 그쳤다.

4. 雪が解ける
- 春になって、少しずつ雪が解け始めた。
  봄이 되어 조금씩 눈이 녹기 시작했다.
- ★ 「溶ける 녹다」라는 한자로 쓰기도 한다.

5. 雪をかく
- 家の前に積もっている雪をかいて、通れるようにした。
  집 앞에 쌓여 있는 눈을 치워서 지나갈 수 있도록 했다.
- ★ 「雪かきをする 눈 치우기를 하다」라고도 한다.

6. 雪が残る
- 富士山の山の上は、夏になってもまだ雪が残っていることがある。
  후지산의 산 위에는 여름이 되어도 여전히 눈이 남아 있을 때가 있다.

7. 雪が多い ↔ 少ない
- 日本の北の地方は、冬に雪が多い。
  일본 북쪽 지방은 겨울에 눈이 많다.
- 今年の冬は雪が少なくて、スキー場も困っているそうだ。
  올 겨울은 눈이 적어서 스키장도 난처해 하고 있다고 한다.

8. 雪が深い
- 私の住んでいる所は、冬は雪が深くて、外を歩きにくい。
  내가 살고 있는 곳은 겨울에 눈이 많이 쌓여서 밖을 걷기가 어렵다.

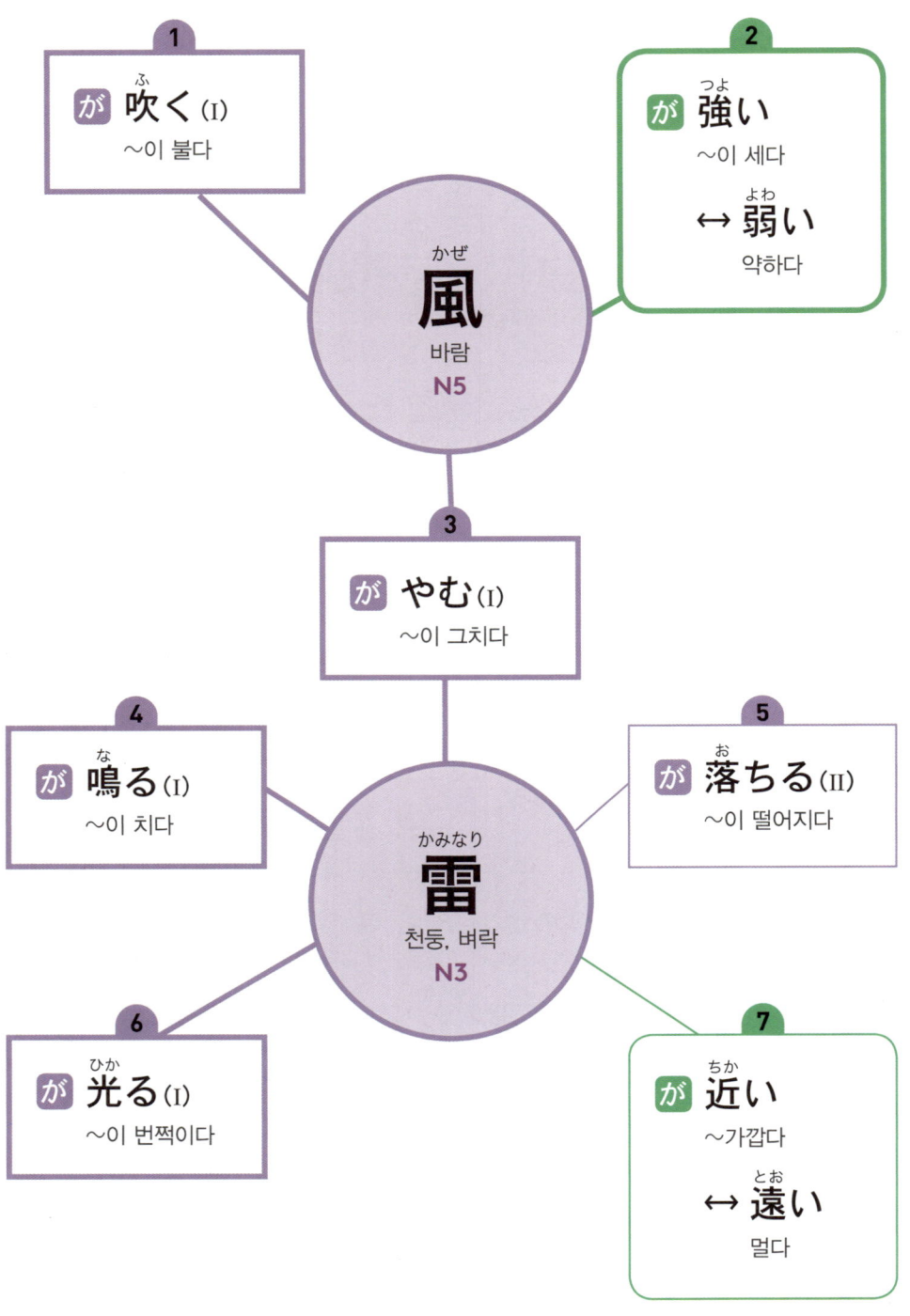

날씨 → 바람/천둥

1 風が吹く
- 山の上は、風が吹いていて涼しかった。
  산 위는 바람이 불어서 시원했다.

2 風が強い ↔ 弱い
- 今日は風が強くて、歩きにくい。
  오늘은 바람이 강해서 걷기 힘들다.
- 今回の台風は風が弱いが、雨が多い。
  이번 태풍은 바람은 약하지만 비가 많이 온다.

3 [風][雷]がやむ
- 朝からずっと強い風が吹いていたが、夜になってやっと風がやんだ。
  아침부터 계속 강한 바람이 불었지만 밤이 되어서야 바람이 그쳤다.
- 雷がやんで、外が静かになった。
  천둥이 그치고 밖이 조용해졌다.

4 雷が鳴る
- うちの犬は、雷が鳴ると、とても怖がる。
  우리 집 개는 천둥이 치면 매우 무서워한다.

5 雷が落ちる
- 高い木には、雷が落ちることがある。
  높은 나무에는 벼락이 떨어질 때가 있다.

6 雷が光る
- 「雷が光ったら、すぐ安全な所へ逃げてください。」
  "벼락이 번쩍이면 즉시 안전한 곳으로 도망치세요."

7 雷が近い ↔ 遠い
- 雷が近いときは、建物の中にいた方がいい。
  천둥이 가까울 때는 건물 안에 있는 것이 좋다.
- 雷が遠くなったから、このあたりにはもう落ちることはないだろう。
  천둥이 멀어졌으니까 이 근처에는 더 이상 떨어질 일은 없을 것이다.

12 天気　　확인문제

1 ( )에 왼쪽 말의 반대말을 넣으세요.
① 空が明るい　↔　空が（　　　　）
② 雨が弱い　↔　雨が（　　　　）
③ 雲が厚い　↔　雲が（　　　　）
④ 雷が遠い　↔　雷が（　　　　）

2 「〜がやむ」의 형태로 쓸 수 있는 말을 모두 찾아 ○표 하세요.

| 空 | 雨 | 風 | 雪 | 雲 | 雷 |

3 함께 쓸 수 있는 말을 [　]에서 모두 골라 ○표 하세요.
① 雷が［降る　光る　変わる　出る　鳴る］。
② 空が［出る　晴れる　かかる　積もる　曇る］。
③ 雪を［落ちる　上がる　降る　かく　解ける］。
④ 雲が［かかる　変わる　晴れる　吹く　曇る］。

4 밑줄 친 부분이 맞으면 ○표를 하고 틀리면 알맞게 고쳐서 (　)에 넣으세요.
① 空に雲が広げて（→　　　　　）いる。
② 公園の大きな木に雷が落として（→　　　　　）、怖かった。
③ 外出していたら、急な（→　　　　　）雨で困ってしまった。
④ 道に雪がたくさん積んで（→　　　　　）いて、歩けない。

5 {　}에서 올바른 쪽을 골라 ○표 하세요.
① 雨に｛濡れて　かけて｝、かぜをひいてしまった。
② 天気が｛悪い　激しい｝ので、今日は出かけるのはやめよう。

③ 台風が近づいているが、まだ風が ｛ 小さい　　弱い ｝。
④ 私の故郷は、雪が ｛ 高い　　深い ｝ 所だ。

6 ▢에서 단어를 하나 골라 문장을 만드세요.

多い　　少ない　　残る　　かかる

① 2週間前の雪が、庭にまだ＿＿＿＿＿ている。
② 雨が＿＿＿＿＿て、山の木が枯れてしまった。
③ 今年は雪が＿＿＿＿＿て、スキーが楽しめそうだ。
④ 雲が＿＿＿＿＿て、空が暗くなってきた。

7 ▢에서 단어를 골라 적당한 형태로 바꿔서 [ ] 안에 넣으세요. 각 단어는 한 번밖에 고를 수 없습니다.

つよい　　いい　　やむ　　ふる　　かわる　　でる

先週クラスメートと山に登った。朝は [①　　　　] 天気だったのに、昼になったら急に雲が [②　　　　] てきて、雨が [③　　　　] 始めた。雨が [④　　　　] なってきたので、私たちは急いで山を下りたが、山の下では、もう雨は [⑤　　　　] でいた。山の天気は [⑥　　　　] やすいと思った。

8 ( )에 들어갈 말은 무엇입니까? 1~4에서 가장 알맞은 것을 고르세요.

① 暖かくなって、庭の雪が全部（　　）しまった。
　1 晴れて　　2 解けて　　3 濡れて　　4 やんで
② 外は、強い風が（　　）いる。
　1 吹いて　　2 降って　　3 引いて　　4 かかって
③ 雨が（　　）から、出かけよう。
　1 下りた　　2 止まった　　3 下がった　　4 上がった

64~67

⑬ 自然・災害
しぜん　さいがい
자연　재해

自然 (しぜん) 자연 N4

1 が ある(I) ~이 있다 ↔ ない 없다

2 を 守る(I) ~을 지키다
まも

3 を 壊す(I) / 破壊する(III) ~을 훼손하다, 파괴하다
こわ　　はかい

4 が 残る(I) ~이 남다
のこ

5 を 汚す(I) ~을 더럽히다
よご

6 が 多い ~이 많다 ↔ 少ない 적다
おお　　　　すく

7 が 豊かだ ~이 풍부하다
ゆた

8 厳しい 험한~
きび

자연・재해 → 자연

1	自然がある ↔ ない	・私の故郷には、たくさんの自然がある。 우리 고향에는 많은 자연이 있다. ・自然がないと、人間は生きていけない。 자연이 없으면 인간은 살 수 없다.
2	自然を守る	・未来のために、大切な自然を守りたい。 미래를 위해서 소중한 자연을 지키고 싶다.
3	自然を{壊す／ 破壊する}	・最近は、なるべく自然を{壊さ／破壊し}ないで街を作るようになってきた。 최근에는 되도록 자연을 {훼손하지/파괴하지} 않고 도시를 만들게 되었다.
4	自然が残る	・都会の周りには、まだたくさん自然が残っている所がある。 도시의 주위에는 아직 많은 자연이 남아 있는 곳이 있다.
5	自然を汚す	・キャンプをするときは、自然を汚さないように気をつけている。 캠핑을 할 때는 자연을 더럽히지 않도록 주의하고 있다.
6	自然が多い ↔ 少ない	・自然が多い所で子どもを育てたい。 자연이 많은 곳에서 아이를 기르고 싶다. ・都会は、自然が少ない。 도시는 자연이 적다.
7	自然が豊かだ	・都会を離れて、自然が豊かな所で暮らしたい。 도시를 떠나 자연이 풍요로운 곳에서 살고 싶다. ★「豊かな自然 풍부한 자연」이라는 형태로도 자주 쓴다. 예) ここは、豊かな自然とおいしい食べ物が旅行者に人気だ。 이곳은 풍부한 자연과 맛있는 음식이 여행자들에게 인기다.
8	厳しい自然	・冬山では、厳しい自然の中で動物が生きている。 겨울 산에서는 험한 자연 속에서 동물이 살고 있다.

台風(たいふう)
태풍
N4

1. が 来る(く)(III)
~이 오다

2. が 近づく(ちかづく)(I)
~이 다가오다

3. が 上陸する(じょうりく)(III)
~이 상륙하다

4. が 通り過ぎる(とおりすぎる)(II) 過ぎる(すぎる)(II)
~이 지나가다, 지나다

5. が 強い(つよい)
~이 강하다
↔ 弱い(よわい)
약하다

6. の 目(め)
~의 눈

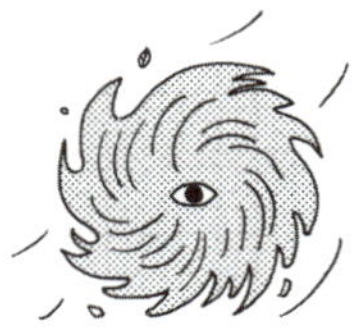

자연 · 재해 → 태풍

1 台風が来る
- 来週、強い台風が日本へ来るそうだ。
  다음 주에 강한 태풍이 일본에 온다고 한다.

2 台風が近づく
- 台風が近づいて、だんだん風が強くなってきた。
  태풍이 다가와서 점점 바람이 강해졌다.

★ 태풍이 다가오는 장소를 말할 때는 「〜に ~(으)로」를 사용한다.
  예) 台風が日本に近づいている。 태풍이 일본으로 접근하고 있다.

3 台風が上陸する
- 沖縄に大きな台風が上陸した。
  오키나와에 큰 태풍이 상륙했다.

4 台風が{通り過ぎる／過ぎる}
- 台風が通り過ぎた後は、暑くなることが多い。
  태풍이 지나간 후에는 더워지는 경우가 많다.
- 危ないので、台風が過ぎるまでは、家の中にいた方がいい。
  위험하기 때문에 태풍이 지날 때까지는 집 안에 있는 것이 좋다.

★ 문어체로는「台風が去る 태풍이 지나가다」라고도 한다.

5 台風が強い ↔ 弱い
- 台風が強くて、道路の木がたくさん倒れた。
  태풍이 강해서 도로의 나무가 많이 쓰러졌다.
- 台風が弱くなっても、風はまだ吹いている。
  태풍이 약해져도 바람은 여전히 불고 있다.

6 台風の目
- 台風の目に入ると、風がやむそうだ。
  태풍의 눈에 들어가면 바람이 그친다고 한다.

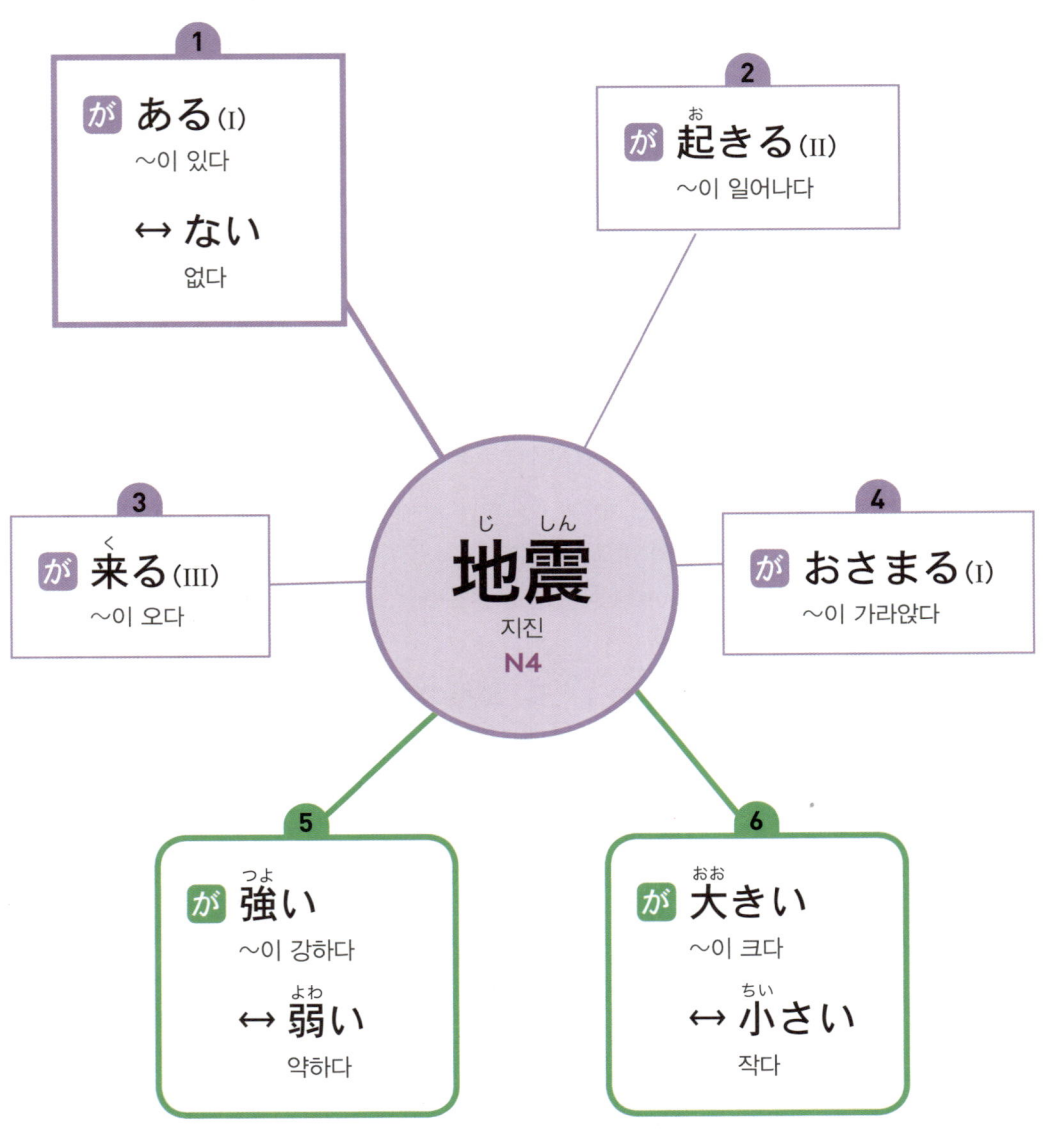

자연·재해 → 지진

1 地震がある ↔ ない
- 昨日寝ているとき、地震があって目が覚めた。
  어제 자고 있을 때, 지진이 나서 깼다.
- 私の国には地震がないので、日本で地震にあって怖かった。
  우리나라에는 지진이 없기 때문에 일본에서 지진이 나서 무서웠다.

2 地震が起きる
- 日本は、今まで何度も大きな地震が起きている。
  일본은 지금까지 몇 번이나 큰 지진이 일어나고 있다.
- ★「起きる 일어나다」는 그 밖에도 다양한 재해에 사용한다.

3 地震が来る
- 最近のビルは、地震が来ても倒れないように作られている。
  최근의 빌딩은 지진이 와도 쓰러지지 않도록 만들어져 있다.

4 地震がおさまる
- 地震がおさまってから、部屋を出て、外の様子を見た。
  지진이 가라앉고 나서 방을 나와 밖의 모습을 보았다.

5 地震が強い ↔ 弱い
- 地震が強くて、立ち上がることができなかった。
  지진이 강해서 일어설 수 없었다.
- 地震が弱かったので、気がつかなかった。
  지진이 약해서 알아차리지 못했다.

6 地震が大きい ↔ 小さい
- 地震が大きくて、電車も地下鉄も全部止まってしまった。
  지진이 커서 전철도 지하철도 모두 멈춰 버렸다.
- 動物は、地震が小さくても、とても怖がる。
  동물은 지진이 작아도 매우 무서워한다.

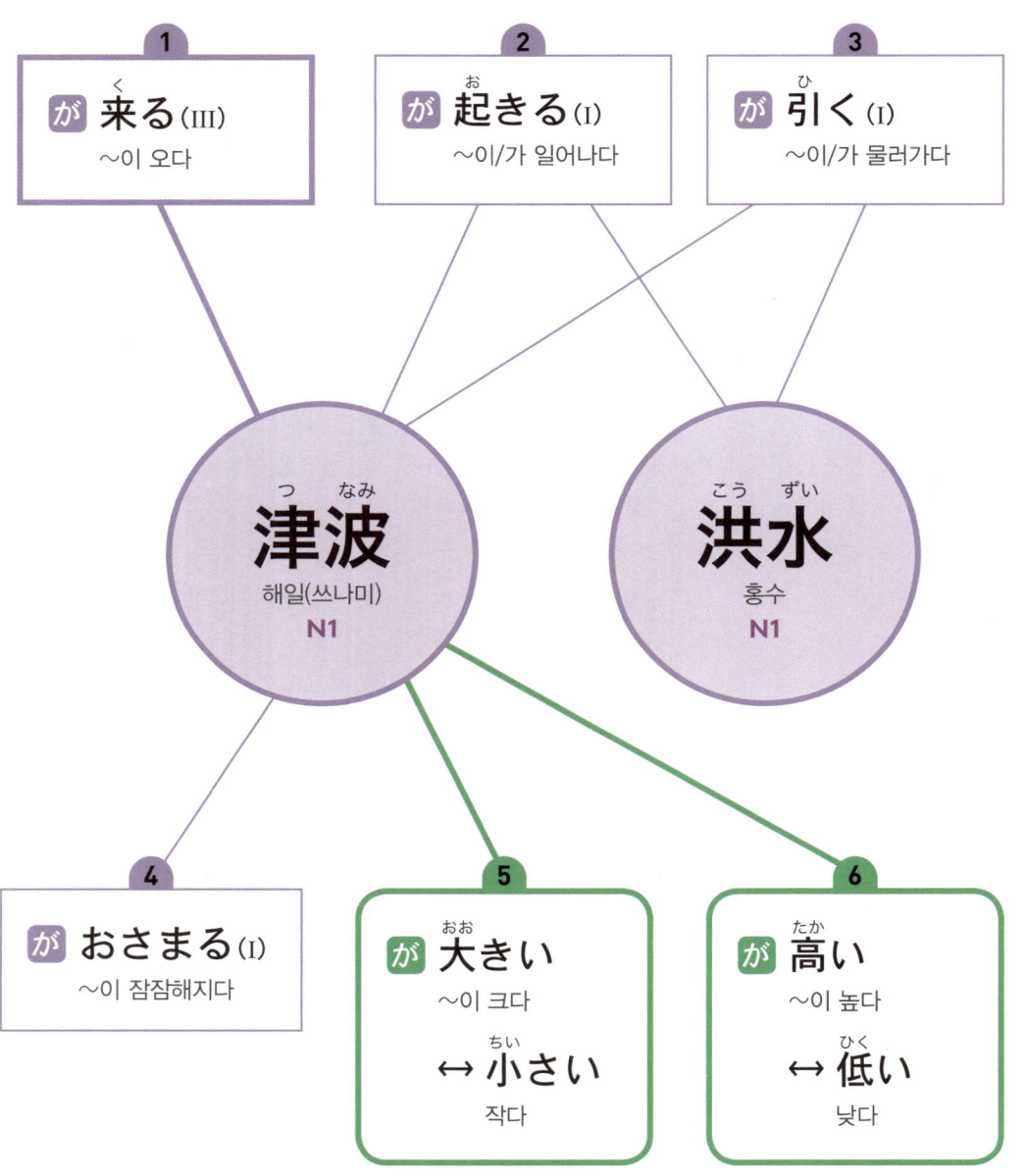

자연 · 재해 → 해일 / 홍수

1	津波が来る	・地震の後、津波が来ると聞いたので、高い所へ逃げた。 지진 뒤에 해일이 온다고 들어서 높은 곳으로 도망쳤다.
2	[津波] [洪水] が起きる	・地震で津波が起きた。 지진으로 해일이 일어났다. ・強い雨が何日も続いて、洪水が起きた。 강한 비가 며칠이나 계속되어 흥수가 났다.
3	[津波] [洪水]が引く	・津波がなかなか引かなかった。 해일이 좀처럼 물러가지 않았다. ・洪水が引いたのは、1週間も後だった。 홍수가 빠진 것은 1주일이나 지나서였다.
4	津波がおさまる	・3時間続いた津波が、やっとおさまった。 3시간이나 계속된 해일이 겨우 잠잠해졌다.
5	津波が大きい ↔ 小さい	・弱い地震なのに、津波が大きかった。 약한 지진인데도 해일이 컸다. ・津波が小さくても、海の近くに行ってはいけない。 해일이 작아도 바다 근처에 가서는 안 된다.
6	津波が高い ↔ 低い	・この前の地震のときは、津波が高くて、10mもあった。 지난번 지진 때는 해일이 높아서 10m나 되었다. ・予報より津波が低くて、2mと言っていたのが50cmだった。 예보보다 해일이 낮아서 2m라고 했는데 50cm였다.

13 自然・災害　　확인문제

1 ( )에 왼쪽 말의 반대말을 넣으세요.
① 自然がある ↔ 自然が（　　　　　）
② 津波が高い ↔ 津波が（　　　　　）
③ 地震が大きい ↔ 地震が（　　　　　）
④ 台風が強い ↔ 台風が（　　　　　）

2 「～が来る」의 형태로 쓸 수 있는 말을 모두 찾아 ○표 하세요.

| 津波 | 地震 | 自然 | 台風 | 洪水 |

3 함께 쓸 수 있는 말을 [ ]에서 모두 골라 ○표 하세요.
① 台風が ［ 来る　ある　上陸する　降りる　過ぎる ］
② 地震が ［ する　行く　強い　高い　重い ］
③ 津波が ［ 起きる　引く　大きい　広い　長い ］
④ 自然を ［ 守る　壊す　破壊する　多い　大きい ］

4 밑줄 친 부분이 맞으면 ○표 하고 틀리면 알맞게 고쳐서 ( )에 넣으세요.
① 村の大切な自然を汚れて（→　　　　　　）はいけない。
② 地震のときは、すぐに逃げないで、地震がおさめる（→　　　　　　）まで待つといい。
③ 街は、台風の耳（→　　　　　　）に入って、風がやんだ。
④ たとえ小さい（→　　　　　　）津波でも、海の近くに行ってはいけない。
⑤ ひどい雨で洪水が起こした（→　　　　　　）。

5 { }에서 올바른 쪽을 골라 ○표 하세요.

① ビルや工場が増えて、自然が { 少なく　小さく } なってきた。
② 私は、どんなに { 弱い　少ない } 地震でも、すぐに感じる。
③ 台風が日本に { 近づいて　寄って } きている。
④ 田舎には、自然がたくさん { 残って　守って } いる。
⑤ 洪水は、3日後に { 消えた　引いた }。

6 □에서 단어를 골라 적당한 형태로 바꿔서 [ ] 안에 넣으세요. 각 단어는 한 번밖에 고를 수 없습니다.

たかい　つよい　ない　ゆたかだ　おきる　おさまる

私の国は自然が [①　　　　] 所だが、よく地震が [②　　　　] る。3年前に経験した地震は、それまでで一番 [③　　　　] た。地震の後、津波も来た。大変 [④　　　　] 津波で、[⑤　　　　] まで何時間もかかって、とても怖かった。私は自分の国が大好きだが、将来は、地震が [⑥　　　　] 所に住みたいと思っている。

7 ( )에 들어갈 말은 무엇입니까? 1~4에서 가장 알맞은 것을 고르세요.

① 人間は、(　　) 自然の中でも生きていかなければならない。
　1 厳しい　　2 重い　　3 痛い　　4 苦しい

② 台風は、すぐに (　　) しまった。
　1 走って　　2 通り過ぎて　　3 起きて　　4 とまって

③ 大きい地震があったが、(　　) 津波しか来なかった。
　1 細い　　2 短い　　3 低い　　4 少ない

14 体 からだ
몸

68~73

1 を ふる (I) ~을/를 흔들다

2 を 曲げる(ま) (II) ~을 구부리다

3 が 曲がる(ま) (I) ~이 꺾이다

頭 あたま
머리 **N5**

首 くび
목(고개) **N4**

のど
목구멍 **N4**

4 が かわく (I) ~이 마르다

5 が こる (I) ~가 결리다

6 を たたく (I) ~를 두드리다

肩 かた
어깨 **N3**

7 を 組む(く) (I) 어깨동무를 하다

몸 → 머리/목/목구멍/어깨

1 [頭][首]をふる

- 「お菓子食べる？」と聞くと、子どもは[頭][首]をふった。
  "과자 먹을래?"하며 물었더니 아이는 [머리][고개]를 저었다.

★ Yes일 때는「{頭／首}を縦にふる 〈머리/고개〉를 세로로 끄덕이다」, No일 때는 「{頭／首}を横にふる 〈머리/고개〉를 가로젓는다」라고도 한다.

2 首を曲げる

- 首を曲げる体操をした。
  목을(고개를) 구부리는 체조를 했다.

3 首が曲がる

- 体がかたいので、大きく首が曲がらない。
  몸이 굳어서 크게 목이(고개가) 안 돌아간다.

4 のどがかわく

- のどがかわいて、水をたくさん飲んだ。
  목이 말라서 물을 많이 마셨다.

★ 매우 목이 마를 때는「のどがからからだ 목이 바짝바짝 탄다」라고도 한다.

5 肩がこる

- 父はすぐ肩がこるので、よく薬を塗っている。
  아버지는 금방 어깨가 결려서 자주 약을 바른다.

6 肩をたたく

- a. 後ろから急に肩をたたかれたので、びっくりして後ろを見たら、兄だった。
  뒤에서 갑자기 어깨를 두드려서 깜짝 놀라 뒤를 보니 오빠였(형이었)다.

- b. 母が、肩がこったと言うので、肩をたたいてあげた。
  어머니가 어깨가 뻐근하다고 해서 어깨를 두드려 드렸다.

7 肩を組む

- 友だちと肩を組んで、一緒に歌を歌った。
  친구와 어깨동무를 하고 함께 노래를 불렀다.

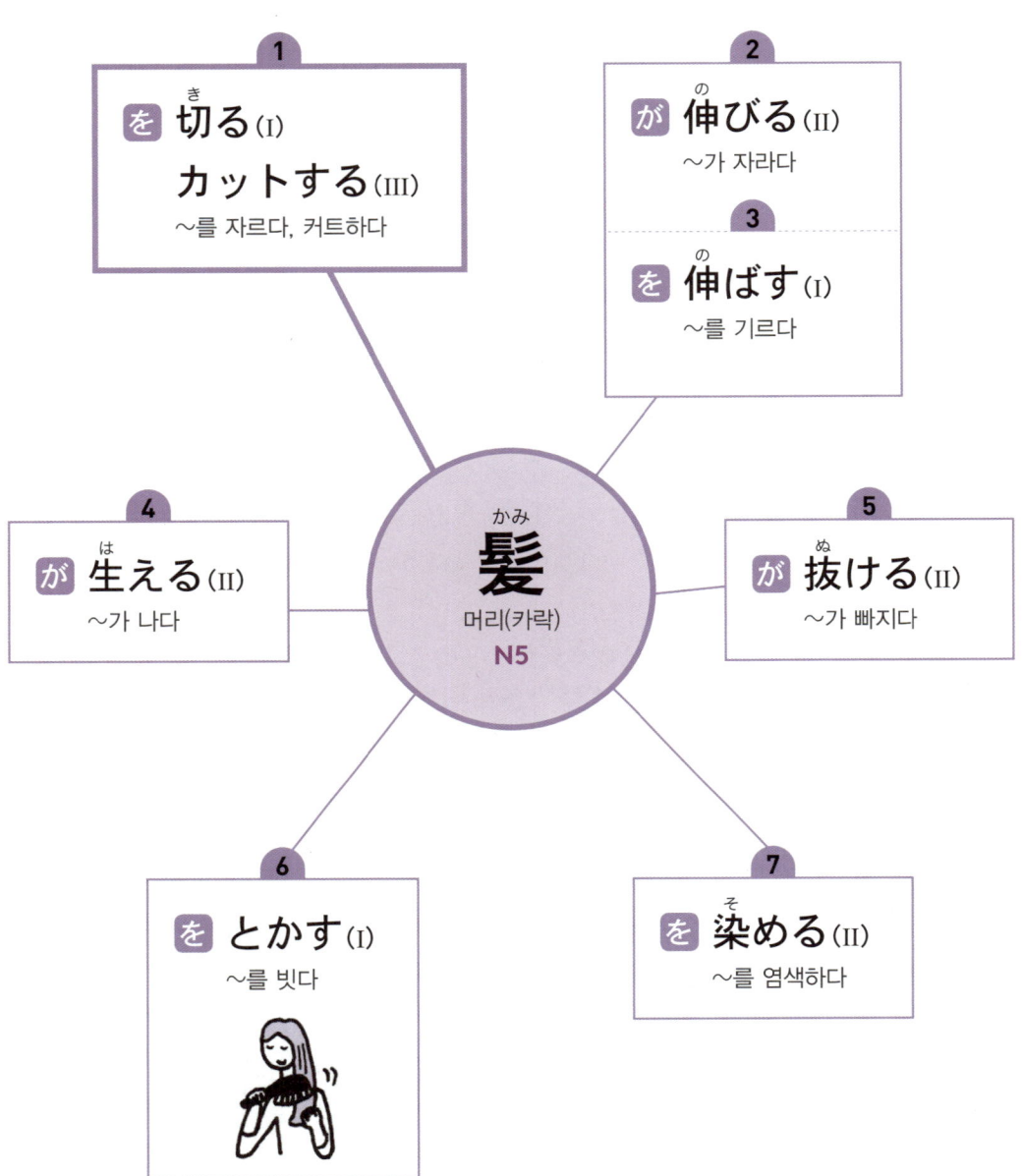

髪 かみ
머리(카락)
N5

1. を 切る(I) / カットする(III)
   ～를 자르다, 커트하다

2. が 伸びる(II)
   ～가 자라다

3. を 伸ばす(I)
   ～를 기르다

4. が 生える(II)
   ～가 나다

5. が 抜ける(II)
   ～가 빠지다

6. を とかす(I)
   ～를 빗다

7. を 染める(II)
   ～를 염색하다

몸 → 머리(카락)

1. 髪を{切る／カットする}

- 髪が長くなったので、美容院で髪を{切っ／カットし}た。
  머리가 길어져서 미용실에서 머리를 {잘랐다/커트했다}.
- ★ 미용실에서「髪を{切っ／カットし}てもらう 머리를 {잘라/커트해} 달라고 하다」라는 표현도 있다.
- 自分で上手に髪を{切る／カットする}のは、難しい。
  스스로 능숙하게 머리를 {자르는/커트하는} 것은 어렵다.

2. 髪が伸びる

- 半年美容院へ行かなかったら、かなり髪が伸びた。
  반년 동안 미용실에 안 갔더니 꽤 머리가 자랐다.

3. 髪を伸ばす

- 結婚式でドレスを着るために、今、髪を伸ばしている。
  결혼식에서 드레스를 입기 위해서 지금 머리를 기르고 있다.

4. 髪が生える

- 姉の子は生まれたばかりなのに、ずいぶん髪が生えている。
  언니(누나)의 아이는 태어난 지 얼마 안 되었는데 꽤 머리가 나 있다.

5. 髪が抜ける

- ストレスが多いと、よく髪が抜けるそうだ。
  스트레스가 많으면 자꾸 머리가 빠진다고 한다.

6. 髪をとかす

- ブラシを使って髪をとかす。
  브러시를 사용하여 머리를 빗는다.

7. 髪を染める

- 友だちは、茶色に髪を染めている。
  친구는 갈색으로 머리를 염색했다.

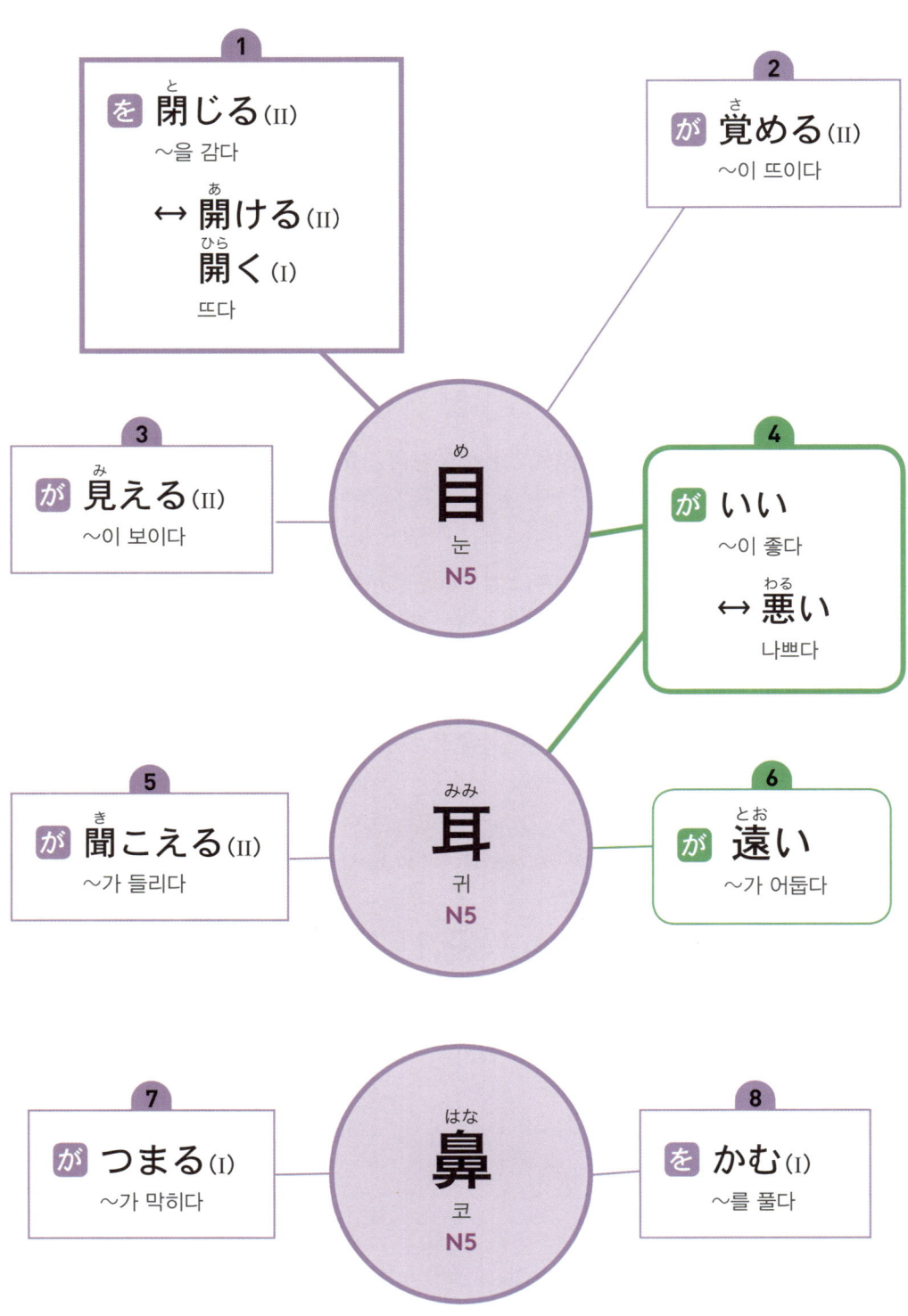

몸 → 눈/귀/코

1. 目を閉じる ↔ {開ける／開く}

- 目を閉じて、ゆっくり音楽を聞いた。
  눈을 감고 천천히 음악을 들었다.

- 授業中、眠くて目を{開け／開い}ていられなかった。
  수업 중에 졸려서 눈을 뜨고 있을 수 없었다.

2. 目が覚める

- 夜中に大きな音で目が覚めた。
  밤중에 큰 소리에 눈이 뜨였다(잠에서 깼다).

3. 目が見える

- 赤ちゃんは、生まれたときから目が見えるそうだ。
  아기는 태어날 때부터 눈이 보인다고 한다.

4. [目] [耳]がいい ↔ 悪い

- 私は目がよくて、遠くの物でもはっきり見える。
  나는 눈이 좋아서 멀리 있는 것도 또렷하게 보인다.

- 目が悪いので、運転するときは必ずめがねをかける。
  눈이 나빠서 운전할 때는 반드시 안경을 쓴다.

- 耳がいい人は、小さい音でもよく聞こえる。
  귀가 좋은 사람은 작은 소리도 잘 들린다.

- 耳が悪くなって、小さい音が聞こえにくい。
  귀가 나빠져서 작은 소리가 잘 들리지 않는다.

5. 耳が聞こえる

- トンネルから出た後、しばらく耳が聞こえにくかった。
  터널에서 나온 후, 한동안 귀가 잘 들리지 않았다.

6. 耳が遠い

- 祖父は、年を取って耳が遠くなった。
  할아버지는 연세가 들어 귀가 어두워지셨다.

★ 어르신들에게 쓰는 경우가 많다.

7. 鼻がつまる

- かぜで鼻がつまって苦しい。
  감기 때문에 코가 막혀서 괴롭다.

8. 鼻をかむ

- 鼻水が出るので、鼻をかんだ。
  콧물이 나와서 코를 풀었다.

口 くち 입 N5

1. **を 開ける(II)** ～을 벌리다
   ↔ **閉じる(II)** 다물다
2. **を 押さえる(II)** ～을 가리다
3. **に くわえる(II)** ～에 물다

歯 は 치아, 이 N5

4. **を みがく(I)** ～를 닦다
5. **が 生える(II)** ～가 나다
6. **が 抜ける(II)** ～가 빠지다
7. **を 抜く(I)** ～를 뽑다
8. **に しみる(II)** ～가 시리다

몸 → 입/치아

1. 口を開ける ↔ 閉じる
- 歯医者でずっと口を大きく開けていたので、あごが痛くなった。
  치과에서 계속 입을 크게 벌리고 있었기 때문에 턱이 아파졌다.
- 開けた口を閉じた。
  벌어진 입을 다물었다.
- ★「口を閉じる 입을 다물다」는 '아무 말도 하지 않다'라는 뜻도 있다.

2. 口を押さえる
- 周りの人に迷惑なので、口を押さえてせきをした。
  주위 사람에게 폐가 되므로 입을 가리고 기침을 했다.

3. 口にくわえる
- 犬が骨を口にくわえている。
  개가 뼈를 입에 물고 있다.

4. 歯をみがく
- 私は、1日3回、食事の後で歯をみがく。
  나는 하루 세 번 식사 후에 이를 닦는다.

5. 歯が生える
- 赤ちゃんのかわいい歯が生えてきた。
  아기에게 귀여운 이가 나기 시작했다.

6. 歯が抜ける
- 子どもは、一度歯が抜けて、大人の歯に代わる。
  아이는 한 번 치아가 빠지고 나서 어른의 치아로 바뀐다.

7. 歯を抜く
- 歯医者で、虫歯になった歯を抜いた。
  치과에서 충치가 생긴 이를 뽑았다.
- ★「歯医者で歯を抜いてもらう 치과에서 이를 뽑는다」는 표현도 있다.

8. 歯にしみる
- 冷たい水が歯にしみて痛い。
  찬물에 이가 시려서 아프다.
- ★「歯がしみる 이가 시리다」라는 표현도 있다.
  예) 冷たい水を飲むと、歯がしみる。 찬물을 마시면 이가 시리다.

腕 팔 N4

1. を 曲げる(II) ~을 굽히다 ↔ の 伸ばす(I) 뻗다
2. を 組む(I) ~을 끼다

指 손가락 N4

3. を 差す(I) ~으로 가리키다

手 손 N5

4. を 上げる(II) ~을 들다
5. を 握る(I) ~을 잡다, 쥐다
6. を つなぐ(I) ~을 잡다
7. を たたく(I) ~을 치다
8. を ふる(I) ~을 흔들다
9. が 届く(I) ~이 닿다

몸 → 팔/손가락/손

1	[腕][指]を曲げる ↔ 伸ばす	• [腕][指]を曲げたり伸ばしたりして、パソコンの疲れをとった。 [팔][손가락]을 굽혔다 폈다 하며 컴퓨터로 인한 피로를 풀었다.
2	腕を組む	• a. 私は、難しいことを考えるとき、腕を組んでしまう。 나는 어려운 일을 생각할 때 팔짱을 끼게 된다. • b. 恋人と腕を組んで歩いた。 애인과 팔짱을 끼고 걸었다.
3	指を差す	• 日本では、人に指を差すのは失礼だ。 일본에서는 사람에게 삿대질을 하는 것은 실례이다.
4	手を上げる	• 授業中、質問があるときは、まず手を上げる。 수업 중에 질문이 있을 때는 먼저 손을 든다.
5	手を握る	• a. 友だちと会って、最後に二人で手を握って別れた。 친구와 만나고, 마지막으로 둘이서 손을 잡은 후(악수를 하고) 헤어졌다. ★「握手する 악수하다」라고도 한다. • b. 面接の間、ずっと手を握っていたので、手に汗をかいた。 면접 내내 손을 쥐고 있어서 손에 땀이 났다.
6	手をつなぐ	• 子どもたちが手をつないで、一緒に歩いている。 아이들이 손을 잡고 함께 걷고 있다.
7	手をたたく	• a. 手をたたきながら歌を歌った。 손뼉을 치면서 노래를 불렀다. • b. 歌手の歌がとてもうまかったので、手をたたいた。 가수가 노래를 너무 잘해서 손뼉을 쳤다.
8	手をふる	• 帰るとき、「バイバイ」と友だちに手をふった。 돌아갈 때 '바이 바이'하고 친구에게 손을 흔들었다.
9	手が届く	• 本棚が高くて、一番上に手が届かない。 책장이 높아서 제일 위 칸에 손이 닿지 않는다.

おなか
배
N5

1 が すく(I) / 減る(I)
〜가 고프다

2 が いっぱいだ
〜가 부르다

3 を 壊す(I)
〜를 고장 내다
(배탈이 나다)

脚・足
다리・발
N5

4 〈脚〉다리
を 伸ばす(I)
〜를 뻗다
↔ 曲げる(II)
굽히다, 접다

5 〈脚〉다리
を 組む(I)
〜를 꼬다

6 〈足〉발
が しびれる(II)
〜이 저리다

7 〈足〉발
が 速い
〜이 빠르다
↔ 遅い
느리다

다리 전체의 경우는 「脚」, 발끝만 말하는 경우는 「足」라는 한자를 사용한다.

몸 → 배/다리·발

1 おなかが{すく／減る}
- 今日はほとんど食事をしていないので、おなかが{すい／減っ}た。
  오늘은 거의 식사를 하지 않았기 때문에 배가 고팠다.
- ★ 몹시 배가 고플 때는 「おなかがぺこぺこだ」라고도 한다.

2 おなかがいっぱいだ
- たくさん食べて、おなかがいっぱいになった。
  많이 먹어서 배가 불렀다.

3 おなかを壊す
- 私は、牛乳を飲むとおなかを壊す。
  나는 우유를 마시면 배탈이 난다.

4 脚を伸ばす ↔ 曲げる
- 飛行機に長く乗っているときは、ときどき脚を伸ばしたり曲げたりした方がいい。
  비행기에 오래 타고 있을 때는 가끔 다리를 뻗었다 접었다 하는 것이 좋다.

5 脚を組む
- 脚を組んで座ると、相手に失礼だと思われることがある。
  다리를 꼬고 앉으면 상대방에게 실례라고 여겨지는 경우가 있다.

6 足がしびれる
- 長い間たたみに座っていたので、足がしびれた。
  오랫동안 다다미(일본식 전통 바닥재)에 앉아 있었기 때문에 다리가 저렸다.

7 足が速い ↔ 遅い
- 弟は足が速くて、100mを12秒で走る。
  남동생은 발이 빨라서 100m를 12초에 달린다.
- 足が遅いので、電車に遅れそうになることが多い。
  걸음이 느려서 전철을 놓칠 뻔한 적이 많다.

14 体

확인문제

1 함께 쓸 수 있는 말을 [ ]에서 모두 골라 ○표 하세요. ____에는 왼쪽에 밑줄 친 말의 반대말을 쓰세요.

① [目　耳　口　指　足] が いい　　↔ _____
② [頭　肩　腕　指　足] が 速い　　↔ _____
③ [目　耳　鼻　口　のど] を 開ける　↔ _____
④ [頭　のど　腕　おなか　脚] を 曲げる ↔ _____

2 ☐에서 해당되는 단어를 모두 골라 [ ]에 넣고, 조사를 ( )에 넣으세요.

頭　髪　首　肩　腕　手　脚　歯

① [　　　] (　) 生える　② [　　　] (　) 抜ける
③ [　　　] (　) 組む　　④ [　　　] (　) ふる

3 올바른 문장이 되도록 왼쪽과 오른쪽의 말을 선으로 연결하세요.

① デートで恋人と手を　・　　・上げた。
② 歌手に向かって手を　・　　・つないだ。
③ あいさつで相手の手を・　　・たたいた。
④ 一番高い棚に手が　　・　　・届いた。
⑤ 質問する前に手を　　・　　・握った。

4 { }에서 올바른 쪽에 ○표 하세요.

① たくさん歌を歌って、のどが { すいた　かわいた }。
② おなかが { いっぱいで　たくさんで }、何も食べられない。
③ 手話は、耳が { 聞けない　聞こえない } 人のために使われる。
④ 鼻が { 閉じて　つまって }、話すと苦しい。
⑤ 姉は、笑うとき口を { 押す　押さえる }。

5 { }에서 올바른 쪽에 ○표 하세요.

① 人に指を { 立つ　差す } のは、失礼だと考えられている。
② 冷たい水を飲むと、歯に { しみる　入る } ようになった。
③ 鼻を強く { かんだら　くわえたら }、鼻から血が出た。
④ 長い時間たたみに座っていたので、足が { ちぢんだ　しびれた }。

6 밑줄 친 부분이 맞으면 ○표를 하고 틀리면 알맞게 고쳐서 ( )에 넣으세요.

① 首が痛くて、なかなか<u>曲げない</u>（→　　　　　）。
② ドレスに似合うように、髪を<u>伸びて</u>（→　　　　　）いる。
③ 古い牛乳を飲んで、おなかを<u>壊した</u>（→　　　　　）。
④ 歯医者へ行って、虫歯を<u>抜けた</u>（→　　　　　）。
⑤ 赤ちゃんは、生まれたときから目が<u>見られる</u>（→　　　　　）。

7 ☐에서 단어를 골라 적당한 형태로 바꿔서 [ ] 안에 넣으세요. 각 단어는 한 번밖에 고를 수 없습니다.

| きる　こる　そめる　とかす　たたく |

美容院へ行った。まず、髪を [①　　　　] てから、シャンプーをして、それから、短く [②　　　　] てもらった。次に、髪を少し明るい色に [③　　　　] た。最後に、肩が [④　　　　] ていたので、店の人が [⑤　　　　] てくれた。気持ちがよかったし、髪も似合っていてよかった。

8 ( )에 들어갈 말은 무엇입니까? 1～4에서 가장 알맞은 것을 고르세요.

① 昼ごはんを食べなかったので、夜、とてもおなかが（　　）。
　　1 あいた　　2 ぬいた　　3 すいた　　4 かわいた
② 朝早く、何か大きな音で目が（　　）。
　　1 開いた　　2 覚めた　　3 見えた　　4 起きた
③ 祖母は耳が（　　）ので、家族は大きな声で話すようにしている。
　　1 深い　　2 狭い　　3 遠い　　4 長い

74~78

15 病気・健康
병　　건강

かぜ (감기) N5

1. **を** ひく (I) ~에 걸리다, ~가 들다
2. **に** かかる (I) ~에 걸리다, ~가 들다
3. **が** 治る (I) ~가 낫다
4. **を** 治す (I) ~를 고치다
5. **が** うつる (I) ~가 옮다
6. **を** うつす (I) ~를 옮기다
7. **が** はやる (I) ~가 유행하다
8. **が** 軽い ~이 가볍다
   ↔ 重い
   ひどい
   무겁다, 지독하다

🔔 한자로는 「風邪 감기」라고 쓴다.
2~8은 「インフルエンザ 독감」과 같이 남에게 옮기는 병에도 쓴다.

병・건강 → 감기

1	**かぜをひく**	• かぜをひいて、学校を休んだ。 감기에 걸려서 학교를 쉬었다.
2	**かぜにかかる**	• クラスメートの多くがかぜをひいていて、私もかぜにかかってしまった。 반 친구들 대부분이 감기에 걸려서 나도 감기에 걸리고 말았다. ★ 「病院にかかる 병원에 진찰받으러 가다」라는 표현도 있다.
3	**かぜが治る**	• 薬を飲んだら、すぐかぜが治った。 약을 먹었더니 금방 감기가 나았다.
4	**かぜを治す**	• 来週、入学試験があるので、早くかぜを治さなければならない。 다음 주에 입학 시험이 있기 때문에 빨리 감기를 치료하지 않으면 안 된다.
5	**かぜがうつる**	• 夫のかぜが、私にうつってしまった。 남편의 감기가 나에게 옮아 버렸다.
6	**かぜをうつす**	• 他の人にかぜをうつさないように、マスクをしている。 다른 사람에게 감기를 옮기지 않도록 마스크를 하고 있다.
7	**かぜがはやる**	• 学校でかぜがはやって、大勢の学生が授業を休んでいる。 학교에서 감기가 유행해서 많은 학생들이 수업을 쉬고 있다.
8	**かぜが軽い** ↔ **{重い／ひどい}**	• かぜが軽かったので、病院へ行かなかった。 가벼운 감기였기 때문에 병원에 가지 않았다. • かぜが{重い／ひどい}ので、病院でみてもらった。 감기가 {심해서/지독해서} 병원에서 진찰받았다. ★ 「ひどい 심하다」는 「熱 열」, 「せき 기침」에도 쓴다. 예) 熱がひどくて、動けなかった。 열이 심해서 움직일 수 없었다. 예) かぜをひいて、せきがひどい。 감기에 걸려서 기침이 심하다.

熱 (열) N4

1. が 出る(II) ～이 나다

2. が ある(I) ～이 있다 ↔ ない 없다

3. が 高い ～이 높다 ↔ 低い 낮다

4. を 測る(I) ～을 재다

5. が 上がる(I) ～이 오르다 ↔ 下がる(I) 내리다

6. を 下げる(II) ～을 내리다

せき (기침) N3

7. を する(III) ～을 하다

8. が 出る(II) ～이 나오다

9. が 止まる(I) ～이 멎다

10. を 止める(II) ～을 멈추다

병 · 건강 → 열/기침

1	熱(ねつ)が出(で)る	• かぜをひいて、高(たか)い熱(ねつ)が出(で)た。 감기에 걸려 고열이 났다.
2	熱(ねつ)がある ↔ ない	• 熱(ねつ)があって苦(くる)しいので、病院(びょういん)へ行(い)った。 열이 있고 괴로워서 병원에 갔다. • かぜをひいたが、全然熱(ぜんぜんねつ)がなかった。 감기에 걸렸지만 전혀 열이 없었다.
3	熱(ねつ)が高(たか)い ↔ 低(ひく)い	• 熱(ねつ)が高(たか)くて、39℃(ど)もある。 열이 높아서 39℃나 된다. • かぜをひいたが、熱(ねつ)が低(ひく)いから、心配(しんぱい)しなくていい。 감기에 걸렸지만 열이 낮으니까 걱정하지 않아도 된다.
4	熱(ねつ)を測(はか)る	• 体(からだ)が熱(あつ)いので熱(ねつ)を測(はか)ったら、38℃(ど)だった。 몸이 뜨거워서 열을 쟀더니 38℃였다.
5	熱(ねつ)が上(あ)がる ↔ 下(さ)がる	• 薬(くすり)を飲(の)んで寝(ね)たのに、昨日(きのう)より熱(ねつ)が上(あ)がってしまった。 약을 먹고 잤는데 어제보다 열이 더 올라 버렸다. • 一晩(ひとばん)寝(ね)たら、熱(ねつ)が下(さ)がった。 하룻밤 잤더니 열이 내렸다.
6	熱(ねつ)を下(さ)げる	• 熱(ねつ)を下(さ)げるために、頭(あたま)を冷(ひ)やした。 열을 내리기 위해 머리를 식혔다.
7	せきをする	• 友(とも)だちがかぜをひいて、ひどいせきをしている。 친구가 감기에 걸려 심하게 기침을 하고 있다.
8	せきが出(で)る	• 今朝(けさ)からずっとせきが出(で)て、なかなか止(と)まらない。 오늘 아침부터 계속 기침이 나서 좀처럼 멈추지 않는다.
9	せきが止(と)まる	• 水(みず)をたくさん飲(の)んだら、少(すこ)しせきが止(と)まった。 물을 많이 마셨더니 조금 기침이 멎었다.
10	せきを止(と)める	• せきを止(と)める薬(くすり)を飲(の)んだら、よくなった。 기침을 멈추는 약을 먹었더니 좋아졌다.

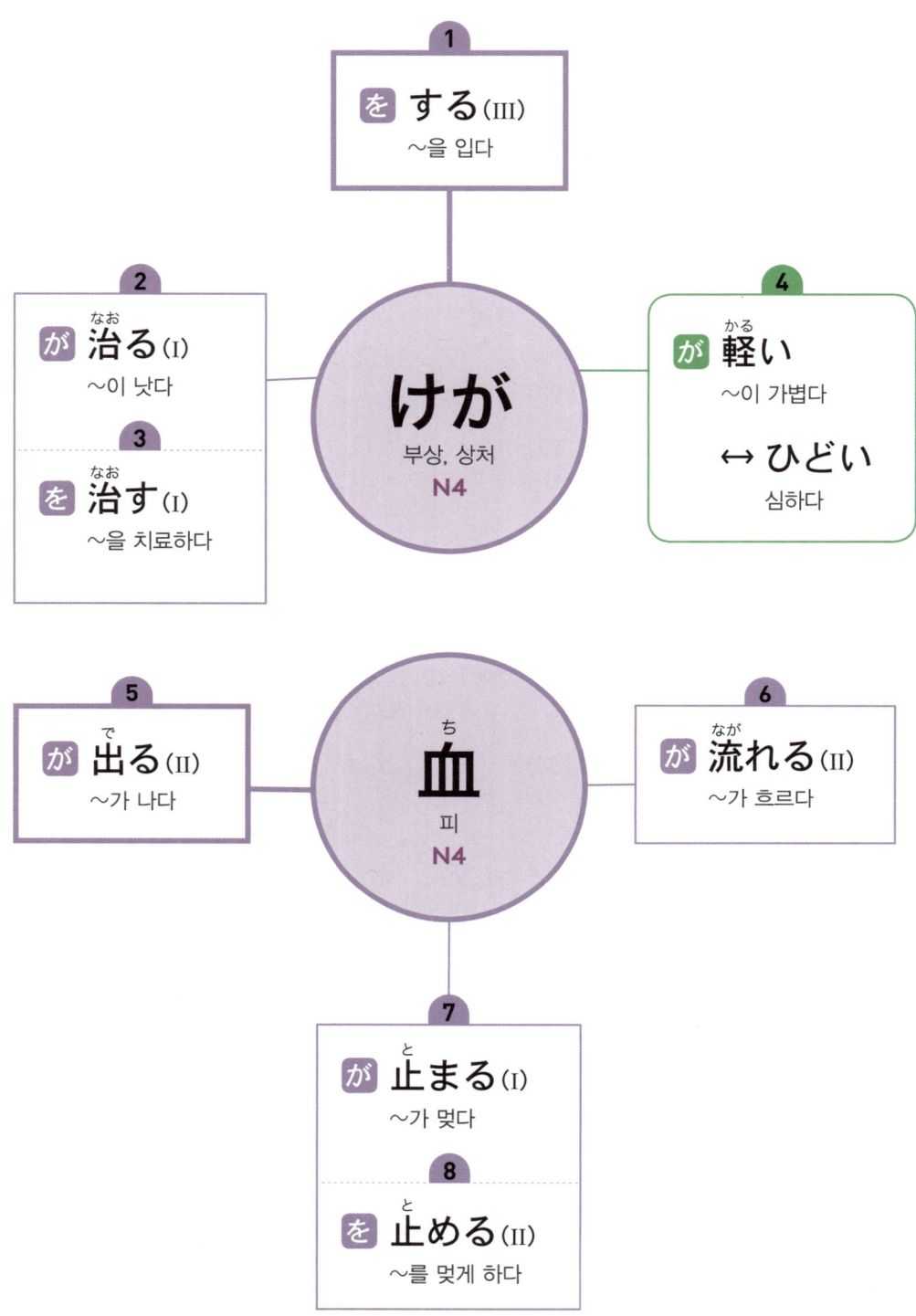

병・건강 → 부상/피

1	けがをする	転(ころ)んで、足(あし)にけがをした。 넘어져서 다리에 부상을 입었다.
2	けがが治(なお)る	けがが治(なお)るまでに3週間(しゅうかん)かかった。 상처가 나을 때까지 3주가 걸렸다.
3	けがを治(なお)す	けがを早(はや)く治(なお)すためには、食事(しょくじ)も大切(たいせつ)だ。 부상을 빨리 치료하려면 식사도 중요하다.
4	けがが軽(かる)い ↔ ひどい	父(ちち)が事故(じこ)にあったが、けがが軽(かる)かったので安心(あんしん)した。 아버지는 사고를 당했지만 부상이 가벼워서 안심했다. けががひどかったので、入院(にゅういん)した。 상처가 심해서 입원했다.
5	血(ち)が出(で)る	ちょっとけがをしただけなのに、たくさん血(ち)が出(で)た。 조금 다쳤을 뿐인데 피가 많이 났다.
6	血(ち)が流(なが)れる	ドアにひどくぶつかって、頭(あたま)から血(ち)が流(なが)れた。 문에 심하게 부딪혀서 머리에서 피가 흘렀다.
7	血(ち)が止(と)まる	鼻(はな)から血(ち)が出(で)たが、しばらく上(うえ)を向(む)いていたら、血(ち)が止(と)まった。 코에서 피가 나왔지만 잠시 고개를 뒤로 젖히고 있었더니 피가 멈췄다.
8	血(ち)を止(と)める	指(ゆび)を切(き)ったとき、強(つよ)く傷(きず)を押(お)さえて血(ち)を止(と)めた。 손가락을 베었을 때 강하게 상처를 눌러서 피를 멎게 했다.

傷 (きず) 상처 N3

1. が ある (I) ~가 있다 ↔ ない 없다

2. が できる (II) ~가 생기다

3. が 残る (のこる) (I) ~가 남다

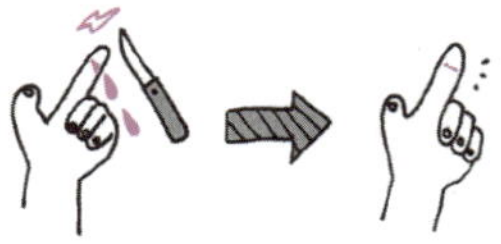

4. が 浅い (あさい) ~가 얕다 ↔ 深い (ふかい) 깊다

5. が 治る (なおる) (I) ~가 낫다

6. を 治す (なおす) (I) ~를 치료하다

やけど 화상 N3

7. を する (III) ~를 입다

8. が 軽い (かるい) ~이 가볍다 ↔ 重い (おもい) ひどい 깊다, 심하다

병 · 건강 → 상처/화상

1	傷がある ↔ ない	• 私は、手にナイフで切った傷がある。 나는 손에 칼로 베인 상처가 있다. • 大人になったら、子どものころの傷がなくなった。 어른이 되었더니 어릴 적의 상처가 없어졌다. ★「傷 상처, 흠집」은 물건에도 사용한다. 예) テーブルに傷がある。 테이블에 흠집이 있다.
2	傷ができる	• 転んで顔に傷ができた。 넘어져서 얼굴에 상처가 생겼다.
3	傷が残る	• けがは治ったが、傷が残ってしまった。 부상은 나았지만 상처가 남고 말았다.
4	傷が浅い ↔ 深い	• カッターで手を切ったが、傷が浅くて、血もあまり出なかった。 칼에 손을 베었지만 상처가 얕아서 피도 별로 나오지 않았다. • 傷が深くて血が止まらなかったので、病院へ行った。 상처가 깊어서 피가 멈추지 않아 병원에 갔다.
5	[傷][やけど] が治る	• 薬を塗ったら、[傷][やけど]が治った。 약을 발랐더니 [상처][화상]가/이 나았다.
6	[傷][やけど] を治す	• 薬を塗って[傷][やけど]を治した。 약을 발라서 [상처][화상]를/을 치료했다.
7	やけどをする	• 熱い湯がかかって、足にやけどをしてしまった。 뜨거운 물이 쏟아져서 다리에 화상을 입고 말았다.
8	やけどが軽い ↔ {重い/ひどい}	• やけどが軽かったので、水で冷やすだけでよかった。 화상이 가벼워서 물로 식히기만 하면 되었다. • やけどが{重い/ひどい}と、死ぬこともある。 화상이 {깊으면/심하면} 죽는 경우도 있다.

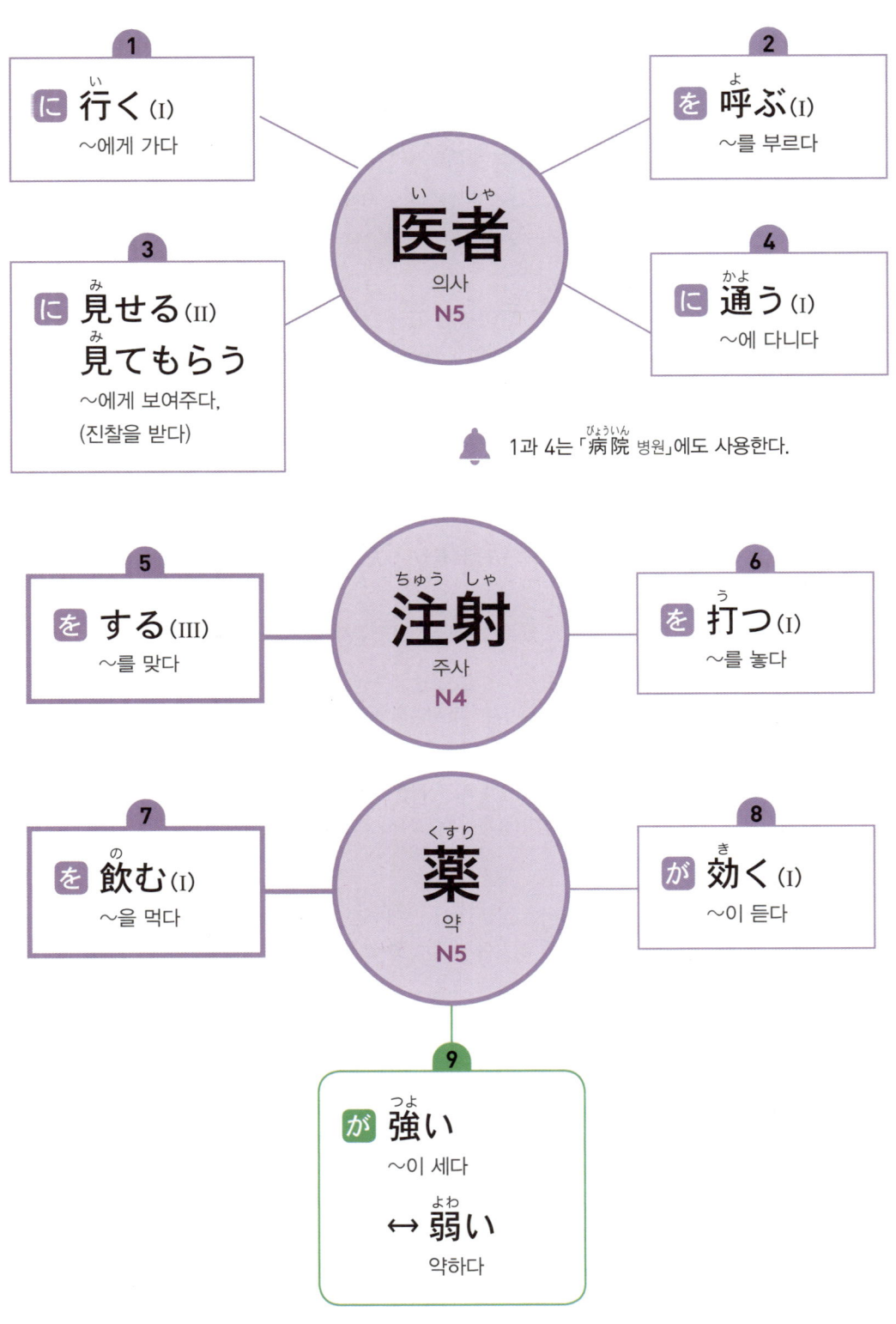

병·건강 → 의사/주사/약

1. 医者に行く
- かぜをひいたので、医者に行って薬をもらった。
감기에 걸려서 의사에게 가서 약을 받았다.

2. 医者を呼ぶ
- 祖母が急に具合が悪くなったので、うちに医者を呼んだ。
할머니가 갑자기 편찮으셔서 집으로 의사를 불렀다(왕진을 부탁했다).

3. 医者に{見せる／見てもらう}
- のどが痛いので、医者に{見せ／見てもらっ}た。
목이 아파서 의사에게 {보여 주었다/진찰을 받았다}.
★ 「見せる」보다 「見てもらう」가 더 공손한 말투이다.

4. 医者に通う
- 父は脚が悪いので、週に1回、医者に通っている。
아버지는 다리가 아파서 일주일에 한 번씩 병원에 다니고 있다.

5. 注射をする
- インフルエンザがはやっているので、予防注射をした。
독감이 유행하고 있어서 예방 주사를 맞았다.

6. 注射を打つ
- 肩が痛いので、病院で肩に注射を打ってもらった。
어깨가 아파서 병원에서 어깨에 주사를 맞았다.

7. 薬を飲む
- あまりたくさん薬を飲むと、体に悪い。
너무 많은 약을 복용하면 몸에 해롭다.

8. 薬が効く
- 薬がよく効いて、熱が下がった。
약이 잘 들어서 열이 내렸다.

9. 薬が強い ↔ 弱い
- 飲んだ薬が強すぎて、頭が痛くなった。
먹은 약이 너무 세서 머리가 아파졌다.
- 薬が弱くて、なかなか効かない。
약이 약해서 좀처럼 듣지 않는다.

15 病気・健康　確인문제

1　①~④의 형태가 되는 말을 ☐에서 모두 골라 [ ] 안에 넣으세요.

　　　かぜ　熱(ねつ)　せき　けが　血(ち)　傷(きず)　やけど

① [　　　　　　　　　　　　　　　] をする
② [　　　　　　　　　　　　　　　] が出(で)る
③ [　　　　　　　　　　　　　　　] が止(と)まる
④ [　　　　　　　　　　　　　　　] が治(なお)る

2　①~④의 형태가 되는 말을 ☐에서 모두 골라 [ ] 안에 넣으세요. ( )에는 왼쪽에 밑줄 친 부분의 반대말을 넣으세요.

　　　かぜ　熱(ねつ)　せき　傷(きず)　やけど　薬(くすり)

① [　　　　　　　　　　　　] が高(たか)い　↔　(　　　　　　)
② [　　　　　　　　　　　　] がひどい　↔　(　　　　　　)
③ [　　　　　　　　　　　　] が浅(あさ)い　↔　(　　　　　　)
④ [　　　　　　　　　　　　] が強(つよ)い　↔　(　　　　　　)

3　{ }에서 올바른 쪽을 골라 ○표 하세요.
① 熱(ねつ)があるので、薬(くすり)を { 入(い)れた　飲(の)んだ }。
② 毎週(まいしゅう)1回(いっかい)、医者(いしゃ)に { 通(かよ)って　訪(たず)ねて } いる。
③ 夜(よる)になって、昼間(ひるま)より熱(ねつ)が { 上(あ)がった　高(たか)まった }。
④ 道(みち)で転(ころ)んで、足(あし)に傷(きず)が { 作(つく)られた　できた }。

4 { }에서 올바른 쪽을 골라 ○표 하세요.

① 病院でもらった薬は、とてもよく { 効く　感じる }。
② 今、学校でかぜが { はしって　はやって } いる。
③ 顔をドアにぶつけて、鼻から血が { 下りた　流れた }。
④ やけどがとても { 重かった　熱かった } ので、入院した。

5 밑줄 친 부분이 맞으면 ○표를 하고 틀리면 알맞게 고쳐서 ( )에 넣으세요.

① 傷を強く押さえて、血を止めた（→　　　　　）。
② 熱を下がる（→　　　　　）ために、頭を冷やした。
③ 病気を治りたい（→　　　　　）なら、医者に行った方がいい。
④ ナイフで切った傷が、手に残して（→　　　　　）いる。

6 □에서 단어를 골라 적당한 형태로 바꿔서 [ ] 안에 넣으세요. 각 단어는 한 번밖에 고를 수 없습니다.

　　　　ある　　する　　みる　　よぶ　　はかる

昨日、祖母が「体が熱くてとても気分が悪い」と言うので、熱を[①　　　　]と、39℃も[②　　　　]た。しっかり歩けなかったので、電話をかけて知り合いの医者を[③　　　　]だ。[④　　　　]てもらうと、かぜと疲れが原因だと言われた。注射を[⑤　　　　]てもらって、しばらく寝ていたら、かなりよくなった。家族はみんな安心した。

7 ( )에 들어갈 말은 무엇입니까? 1~4에서 가장 알맞은 것을 고르세요.

① 息子がかぜを（a　　）、私にも（b　　）しまった。

　　a. 1 して　　　2 ひいて　　　3 つけて　　　4 かかって
　　b. 1 来て　　　2 出て　　　　3 入って　　　4 うつって

② インフルエンザにならないように、病院で注射を（　　）もらった。

　　1 差して　　　2 当てて　　　3 打って　　　4 効いて

색인

あ	あくせさりーをする	アクセサリーをする	15
	あくせさりーをつける	アクセサリーをつける	15
	あくせさりーをはずす	アクセサリーをはずす	15
	あじがある	味がある	27
	あじがいい	味がいい	27
	あじがうすい	味が薄い	27
	あしがおそい	足が遅い	181
	あじがこい	味が濃い	27
	あしがしびれる	足がしびれる	181
	あじがする	味がする	27
	あじがない	味がない	27
	あしがはやい	足が速い	181
	あじがわるい	味が悪い	27
	あしをくむ	脚を組む	181
	あじをつける	味をつける	27
	あしをのばす	脚を伸ばす	181
	あしをまげる	脚を曲げる	181
	あじをみる	味をみる	27
	あたまをふる	頭をふる	171
	あめがあがる	雨が上がる	151
	あめがおおい	雨が多い	151
	あめがすくない	雨が少ない	151
	あめがつよい	雨が強い	151
	あめがふる	雨が降る	151
	あめがやむ	雨がやむ	151
	あめがよわい	雨が弱い	151
	あめにぬれる	雨に濡れる	151
い	いしゃにいく	医者に行く	193
	いしゃにかよう	医者に通う	193
	いしゃにみせる	医者に見せる	193
	いしゃにみてもらう	医者に見てもらう	193
	いしゃをよぶ	医者を呼ぶ	193
う	うそがばれる	嘘がばれる	135
	うそをつく	嘘をつく	135
	うでをくむ	腕を組む	179
	うでをのばす	腕を伸ばす	179
	うでをまげる	腕を曲げる	179
え	えあこんがきく	エアコンが効く	41
	えあこんがつく	エアコンがつく	41
	えあこんをいれる	エアコンを入れる	41
	えあこんをかける	エアコンをかける	41
	えあこんをきる	エアコンを切る	41
	えあこんをけす	エアコンを消す	41
	えあこんをつける	エアコンをつける	41
	えあこんをとめる	エアコンを止める	41
お	おいわいのことば	お祝いの言葉	131
	おいわいのしな	お祝いの品	131
	おいわいをあげる	お祝いをあげる	131
	おいわいをいう	お祝いを言う	131
	おいわいをおくる	お祝いを贈る	131
	おいわいをする	お祝いをする	131
	おいわいをもらう	お祝いをもらう	131
	おかねがある	お金がある	81
	おかねがある	お金がある	85
	おかねがかかる	お金がかかる	85
	おかねがたまる	お金がたまる	85
	おかねがたりる	お金が足りる	81
	おかねがない	お金がない	81
	おかねがない	お金がない	85
	おかねをおろす	お金を下ろす	81
	おかねをかえす	お金を返す	81
	おかねをかえる	お金を換える	81
	おかねをかける	お金をかける	85
	おかねをかす	お金を貸す	81
	おかねをかりる	お金を借りる	81
	おかねをだす	お金を出す	85
	おかねをためる	お金をためる	85
	おかねをつかう	お金を使う	85
	おかねをはらう	お金を払う	81
	おちゃがうすい	お茶が薄い	23
	おちゃがこい	お茶が濃い	23
	おちゃをいれる	お茶を入れる	23

おちゃをだす	お茶を出す	23
おちゃをつぐ	お茶をつぐ	23
おつりがある	おつりがある	83
おつりがない	おつりがない	83
おつりをうけとる	おつりを受け取る	83
おつりをもらう	おつりをもらう	83
おつりをわたす	おつりを渡す	83
おなかがいっぱいだ	おなかがいっぱいだ	181
おなかがすく	おなかがすく	181
おなかがへる	おなかが減る	181
おなかをこわす	おなかを壊す	181
おみまいにいく	お見舞いに行く	131
おみまいにくる	お見舞いに来る	131
おみまいのしな	お見舞いの品	131
おみまいをする	お見舞いをする	131
おみまいをもらう	お見舞いをもらう	131
おれいにいく	お礼に行く	133
おれいをいう	お礼を言う	133
おれいをおくる	お礼を送る	133
おれいをする	お礼をする	133
おれいをもらう	お礼をもらう	133
おれいをわたす	お礼を渡す	133
おわびにいく	おわびに行く	133
おわびをいう	おわびを言う	133
おわびをする	おわびをする	133
おんがくがかかる	音楽がかかる	139
おんがくがながれる	音楽が流れる	139
おんがくをかける	音楽をかける	139
おんがくをながす	音楽を流す	139
かいしゃがつぶれる	会社がつぶれる	75
かいしゃではたらく	会社で働く	75
かいしゃにつとめる	会社に勤める	75
かいしゃにはいる	会社に入る	75
かいしゃをやすむ	会社を休む	75
かいしゃをやめる	会社をやめる	75
かいしゃをりすとらされる	会社をリストラされる	75
かいだんがきゅうだ	階段が急だ	35
かいだんをあがる	階段を上がる	35
かいだんをおりる	階段を下りる	35
かいだんをのぼる	階段を上る	35
かぎがあく	鍵が開く	35
かぎがかかる	鍵がかかる	35
かぎがしまる	鍵が閉まる	35
かぎをあける	鍵を開ける	35
かぎをかける	鍵をかける	35
かぎをしめる	鍵を閉める	35
かさをさす	傘を差す	19
かさをとじる	傘を閉じる	19
かさをひらく	傘を開く	19
がすがくる	ガスが来る	45
がすがでる	ガスが出る	45
がすがとまる	ガスが止まる	45
がすがもれる	ガスがもれる	45
がすをとめる	ガスを止める	45
かぜがうつる	かぜがうつる	185
かぜがおもい	かぜが重い	185
かぜがかるい	かぜが軽い	185
かぜがつよい	風が強い	157
かぜがなおる	かぜが治る	185
かぜがはやる	かぜがはやる	185
かぜがひどい	かぜがひどい	185
かぜがふく	風が吹く	157
かぜがやむ	風がやむ	157
かぜがよわい	風が弱い	157
かぜにかかる	かぜにかかる	185
かぜをうつす	かぜをうつす	185
かぜをなおす	かぜを治す	185
かぜをひく	かぜをひく	185
かたがこる	肩がこる	171
かたをくむ	肩を組む	171
かたをたたく	肩をたたく	171
がっきができる	楽器ができる	139
がっきをえんそうする	楽器を演奏する	139
がっこうにかよう	学校に通う	61
がっこうにしんがくする	学校に進学する	61

がっこうにすすむ	学校に進む	61
がっこうにつうがくする	学校に通学する	61
がっこうににゅうがくする	学校に入学する	61
がっこうにはいる	学校に入る	61
がっこうをけっせきする	学校を欠席する	61
がっこうをさぼる	学校をサボる	61
がっこうをそつぎょうする	学校を卒業する	61
がっこうをたいがくする	学校を退学する	61
がっこうをでる	学校を出る	61
がっこうをやすむ	学校を休む	61
がっこうをやめる	学校をやめる	61
かのじょがいる	彼女がいる	127
かのじょができる	彼女ができる	127
かのじょとわかれる	彼女と別れる	127
かのじょになる	彼女になる	127
かのじょをつくる	彼女を作る	127
かのじょをふる	彼女をふる	127
かみがぬける	髪が抜ける	173
かみがのびる	髪が伸びる	173
かみがはえる	髪が生える	173
かみなりがおちる	雷が落ちる	157
かみなりがちかい	雷が近い	157
かみなりがとおい	雷が遠い	157
かみなりがなる	雷が鳴る	157
かみなりがひかる	雷が光る	157
かみなりがやむ	雷がやむ	157
かみをかっとする	髪をカットする	173
かみをきる	髪を切る	173
かみをそめる	髪を染める	173
かみをとかす	髪をとかす	173
かみをのばす	髪を伸ばす	173
かれがいる	彼がいる	127
かれができる	彼ができる	127
かれとわかれる	彼と別れる	127
かれになる	彼になる	127
かれをつくる	彼を作る	127

	かれをふる	彼をふる	127
き	きずがあさい	傷が浅い	191
	きずがある	傷がある	191
	きずができる	傷ができる	191
	きずがない	傷がない	191
	きずがなおる	傷が治る	191
	きずがのこる	傷が残る	191
	きずがふかい	傷が深い	191
	きずをなおす	傷を治す	191
	ぎたーができる	ギターができる	141
	ぎたーをえんそうする	ギターを演奏する	141
	ぎたーをひく	ギターを弾く	141
	きびしいしぜん	厳しい自然	161
	きゃんせるがでる	キャンセルが出る	115
	きゃんせるになる	キャンセルになる	115
	きゅうなあめ	急な雨	151
	きゅうなようじ	急な用事	111
	きゅうりょうがあがる	給料が上がる	77
	きゅうりょうがいい	給料がいい	77
	きゅうりょうがおおい	給料が多い	77
	きゅうりょうがさがる	給料が下がる	77
	きゅうりょうがすくない	給料が少ない	77
	きゅうりょうがたかい	給料が高い	77
	きゅうりょうがでる	給料が出る	77
	きゅうりょうがはいる	給料が入る	77
	きゅうりょうがひくい	給料が低い	77
	きゅうりょうがやすい	給料が安い	77
	きゅうりょうがわるい	給料が悪い	77
	きゅうりょうをはらう	給料を払う	77
	きゅうりょうをもらう	給料をもらう	77
	きょうみがある	興味がある	147
	きょうみがない	興味がない	147

きょうみがわく	興味がわく	147
きょうみをかんじる	興味を感じる	147
きょうみをもつ	興味を持つ	147
く くすりがきく	薬が効く	193
くすりがつよい	薬が強い	193
くすりがよわい	薬が弱い	193
くすりをのむ	薬を飲む	193
くちにくわえる	口にくわえる	177
くちをあける	口を開ける	177
くちをおさえる	口を押さえる	177
くちをとじる	口を閉じる	177
くつがあう	靴が合う	13
くつがぬげる	靴が脱げる	13
くつがぶかぶかだ	靴がぶかぶかだ	13
くつをはきかえる	靴をはき替える	13
くつをぬぐ	靴を脱ぐ	13
くつをはく	靴をはく	13
くびがまがる	首が曲がる	171
くびをふる	首をふる	171
くびをまげる	首を曲げる	171
くもがあつい	雲が厚い	153
くもがうすい	雲が薄い	153
くもがかかる	雲がかかる	153
くもがでる	雲が出る	153
くもがはれる	雲が晴れる	153
くもがひろがる	雲が広がる	153
くるまがとまる	車が止まる	51
くるまにひかれる	車にひかれる	51
くるまをうんてんする	車を運転する	51
くるまをとめる	車を止める	51
くるまをぶつける	車をぶつける	51
け けいかくがかわる	計画が変わる	107
けいかくをかえる	計画を変える	107
けいかくをすすめる	計画を進める	107
けいかくをたてる	計画を立てる	107
けいたいでんわ(けーたい)がかかる	携帯電話(ケータイ)がかかる	101
けいたいでんわ(けーたい)がつながる	携帯電話(ケータイ)がつながる	101
けいたいでんわ(けーたい)がなる	携帯電話(ケータイ)が鳴る	101
けいたいでんわ(けーたい)にかける	携帯電話(ケータイ)にかける	101
けいたいでんわ(けーたい)をかける	携帯電話(ケータイ)をかける	101
けいたいでんわ(けーたい)をきる	携帯電話(ケータイ)を切る	101
けいたいでんわ(けーたい)をちぇっくする	携帯電話(ケータイ)をチェックする	101
けががかるい	けがが軽い	189
けががなおる	けがが治る	189
けががひどい	けががひどい	189
けがをする	けがをする	189
けがをなおす	けがを治す	189
けしょうがうすい	化粧が薄い	19
けしょうがおちる	化粧が落ちる	19
けしょうがくずれる	化粧がくずれる	19
けしょうがこい	化粧が濃い	19
けしょうをおとす	化粧を落とす	19
けしょうをする	化粧をする	19
けしょうをなおす	化粧を直す	19
こ こいびとがいる	恋人がいる	127
こいびとができる	恋人ができる	127
こいびととわかれる	恋人と別れる	127
こいびとになる	恋人になる	127
こいびとをつくる	恋人を作る	127
こいびとをふる	恋人をふる	127
こうずいがおきる	洪水が起きる	167
こうずいがひく	洪水が引く	167
ごはんがたける	ごはんが炊ける	23
ごはんをたく	ごはんを炊く	23
ごはんをつくる	ごはんを作る	23
ごみがおちる	ごみが落ちる	47
ごみがでる	ごみが出る	47
ごみをあつめる	ごみを集める	47
ごみをかたづける	ごみを片づける	47
ごみをすてる	ごみを捨てる	47
ごみをだす	ごみを出す	47
ごみをひろう	ごみを拾う	47

	ごみをもやす	ごみを燃やす	47		しごとがある	仕事がある	73
	ごみをわける	ごみを分ける	47		しごとがきまる	仕事が決まる	73
さ	さけがつよい	(お)酒が強い	25		しごとがない	仕事がない	73
	さけがよわい	(お)酒が弱い	25		しごとがみつかる	仕事が見つかる	73
	さけによう	(お)酒に酔う	25		しごとにつく	仕事につく	73
し	しあいにかつ	試合に勝つ	143		しごとをかえる	仕事を変える	73
	しあいにだす	試合に出す	143		しごとをさがす	仕事を探す	73
	しあいにでる	試合に出る	143		しごとをする	仕事をする	73
	しあいにまける	試合に負ける	143		しごとをみつける	仕事を見つける	73
	しあいをする	試合をする	143		しごとをやすむ	仕事を休む	73
	じかんがあまる	時間が余る	123		しごとをやめる	仕事をやめる	73
	じかんがある	時間がある	123		じしんがある	地震がある	165
	じかんがおそい	時間が遅い	119		じしんがおおきい	地震が大きい	165
	じかんがかかる	時間がかかる	123		じしんがおきる	地震が起きる	165
	じかんがくる	時間が来る	119		じしんがおさまる	地震がおさまる	165
	じかんがすぎる	時間が過ぎる	119		じしんがくる	地震が来る	165
	じかんがせいかくだ	時間が正確だ	119		じしんがちいさい	地震が小さい	165
	じかんがたつ	時間が経つ	123		じしんがつよい	地震が強い	165
	じかんがたりる	時間が足りる	123		じしんがない	地震がない	165
	じかんができる	時間ができる	123		じしんがよわい	地震が弱い	165
	じかんがない	時間がない	123		しぜんがある	自然がある	161
	じかんがのびる	時間が延びる	123		しぜんがおおい	自然が多い	161
	じかんがはやい	時間が早い	119		しぜんがすくない	自然が少ない	161
	じかんにおくれる	時間に遅れる	119		しぜんがない	自然がない	161
	じかんになる	時間になる	119		しぜんがのこる	自然が残る	161
	じかんにまにあう	時間に間に合う	119		しぜんがゆたかだ	自然が豊かだ	161
	じかんをおくらせる	時間を遅らせる	119		しぜんをこわす	自然を壊す	161
	じかんをかける	時間をかける	123		しぜんをはかいする	自然を破壊する	161
	じかんをはやめる	時間を早める	119		しぜんをまもる	自然を守る	161
	じかんをまちがえる	時間を間違える	119		しぜんをよごす	自然を汚す	161
	しけんがある	試験がある	67		じてんしゃにまたがる	自転車にまたがる	53
	しけんがない	試験がない	67		じてんしゃをおす	自転車を押す	53
	しけんにうかる	試験に受かる	67		じてんしゃをこぐ	自転車をこぐ	53
	しけんにおちる	試験に落ちる	67		じてんしゃをとめる	自転車を止める	53
	しけんにごうかくする	試験に合格する	67		じどうしゃがとまる	自動車が止まる	51
	しけんをうける	試験を受ける	67		じどうしゃにひかれる	自動車にひかれる	51
	しけんをおこなう	試験を行う	67		じどうしゃをうんてんする	自動車を運転する	51
	しけんをする	試験をする	67				

じどうしゃをとめる	自動車を止める	51
じどうしゃをぶつける	自動車をぶつける	51
しめきりがくる	締め切りが来る	121
しめきりがすぎる	締め切りが過ぎる	121
しめきりがのびる	締め切りが延びる	121
しめきりがはやまる	締め切りが早まる	121
しめきりにおくれる	締め切りに遅れる	121
しめきりにまにあう	締め切りに間に合う	121
しめきりをのばす	締め切りを延ばす	121
しめきりをはやめる	締め切りを早める	121
しめきりをまもる	締め切りを守る	121
しゃつがおおきい	シャツが大きい	11
しゃつがきつい	シャツがきつい	11
しゃつがじみだ	シャツが地味だ	11
しゃつがちいさい	シャツが小さい	11
しゃつがにあう	シャツが似合う	11
しゃつがはでだ	シャツが派手だ	11
しゃつをかける	シャツをかける	11
しゃつをきがえる	シャツを着がえる	11
しゃつをきる	シャツを着る	11
しゃつをぬぐ	シャツを脱ぐ	11
じゅぎょうがある	授業がある	63
じゅぎょうがない	授業がない	63
じゅぎょうにしゅっせきする	授業に出席する	63
じゅぎょうにでる	授業に出る	63
じゅぎょうをうける	授業を受ける	63
じゅぎょうをけっせきする	授業を欠席する	63
じゅぎょうをさぼる	授業をサボる	63
じゅぎょうをする	授業をする	63
じゅぎょうをとる	授業を取る	63
じゅぎょうをやすむ	授業を休む	63
しゅくだいがある	宿題がある	65
しゅくだいがでる	宿題が出る	65
しゅくだいがない	宿題がない	65
しゅくだいをする	宿題をする	65
しゅくだいをだす	宿題を出す	65
しゅくだいをやる	宿題をやる	65
しゅくだいをわすれる	宿題を忘れる	65
しゅみがある	趣味がある	147
しゅみがおおい	趣味が多い	147
しゅみがすくない	趣味が少ない	147
しゅみができる	趣味ができる	147
しゅみがない	趣味がない	147
しゅみをもつ	趣味を持つ	147
しょくじをする	食事をする	23
しょくじをつくる	食事を作る	23
しょくじをとる	食事をとる	23
す すいっちをいれる	スイッチを入れる	39
すいっちをおす	スイッチを押す	39
すいっちをきる	スイッチを切る	39
すいどうがでる	水道が出る	45
すいどうがとまる	水道が止まる	45
すいどうをだす	水道を出す	45
すいどうをとめる	水道を止める	45
すかーとがぶかぶかだ	スカートがぶかぶかだ	13
すかーとをぬぐ	スカートを脱ぐ	13
すかーとをはきかえる	スカートをはき替える	13
すかーとをはく	スカートをはく	13
ずぼんがぶかぶかだ	ズボンがぶかぶかだ	13
ずぼんをぬぐ	ズボンを脱ぐ	13
ずぼんをはきかえる	ズボンをはき替える	13
ずぼんをはく	ズボンをはく	13
せ せいせきがあがる	成績が上がる	69
せいせきがいい	成績がいい	69
せいせきがおちる	成績が落ちる	69
せいせきがさがる	成績が下がる	69
せいせきがつく	成績がつく	69
せいせきがでる	成績が出る	69
せいせきがのびる	成績が伸びる	69
せいせきがわるい	成績が悪い	69
せいせきをだす	成績を出す	69
せいせきをつける	成績をつける	69
せいせきをとる	成績を取る	69
せきがでる	せきが出る	187

	せきがとまる	せきが止まる	187
	せきをする	せきをする	187
	せきをとめる	せきを止める	187
	せわがかかる	世話がかかる	135
	せわになる	世話になる	135
	せわをかける	世話をかける	135
	せわをする	世話をする	135
そ	そらがあかるい	空が明るい	153
	そらがくもる	空が曇る	153
	そらがくらい	空が暗い	153
	そらがはれる	空が晴れる	153
た	たいこができる	たいこができる	141
	たいこをえんそうする	たいこを演奏する	141
	たいこをたたく	たいこをたたく	141
	たいふうがくる	台風が来る	163
	たいふうがじょうりくする	台風が上陸する	163
	たいふうがすぎる	台風が過ぎる	163
	たいふうがちかづく	台風が近づく	163
	たいふうがつよい	台風が強い	163
	たいふうがとおりすぎる	台風が通り過ぎる	163
	たいふうがよわい	台風が弱い	163
	たいふうのめ	台風の目	163
	たくしーがとまる	タクシーが止まる	51
	たくしーにひかれる	タクシーにひかれる	51
	たくしーをうんてんする	タクシーを運転する	51
	たくしーをとめる	タクシーを止める	51
	たくしーをとめる	タクシーを止める	51
	たくしーをひろう	タクシーを拾う	51
	たくしーをよぶ	タクシーを呼ぶ	51
ち	ちがでる	血が出る	189
	ちがとまる	血が止まる	189
	ちがながれる	血が流れる	189
	ちけっとがうれる	チケットが売れる	143
	ちけっとがとれる	チケットがとれる	143
	ちけっとをとる	チケットをとる	143
	ちゅうしゃをうつ	注射を打つ	193
	ちゅうしゃをする	注射をする	193

	ちょきんがある	貯金がある	87
	ちょきんがおおい	貯金が多い	87
	ちょきんがすくない	貯金が少ない	87
	ちょきんがない	貯金がない	87
	ちょきんがなくなる	貯金がなくなる	87
	ちょきんがふえる	貯金が増える	87
	ちょきんがへる	貯金が減る	87
	ちょきんをおろす	貯金を下ろす	87
	ちょきんをする	貯金をする	87
	ちょきんをつかう	貯金を使う	87
	ちをとめる	血を止める	189
つ	つごうがあう	都合が合う	113
	つごうがある	都合がある	113
	つごうがいい	都合がいい	113
	つごうがつく	都合がつく	113
	つごうがわるい	都合が悪い	113
	つごうをつける	都合をつける	113
	つなみがおおきい	津波が大きい	167
	つなみがおきる	津波が起きる	167
	つなみがおさまる	津波がおさまる	167
	つなみがくる	津波が来る	167
	つなみがたかい	津波が高い	167
	つなみがちいさい	津波が小さい	167
	つなみがひく	津波が引く	167
	つなみがひくい	津波が低い	167
	つよいきょうみ	強い興味	147
	つよいさけ	強い（お）酒	25
て	でーたがおおきい	データが大きい	93
	でーたがおもい	データが重い	93
	でーたがかるい	データが軽い	93
	でーたがきえる	データが消える	93
	でーたがこわれる	データが壊れる	93
	でーたがちいさい	データが小さい	93
	でーたをおくる	データを送る	93
	でーたをけす	データを消す	93
	でーたをだうんろーどする	データをダウンロードする	93
	でーたをばっくあっぷする	データをバックアップする	93
	でーたをほぞんする	データを保存する	93

てがとどく	手が届く	179		でんしゃをのりかえる	電車を乗り換える	55
てすとがある	テストがある	67		でんわがある	電話がある	43
てすとがない	テストがない	67		でんわがかかる	電話がかかる	43
てすとにうかる	テストに受かる	67		でんわがきれる	電話が切れる	43
てすとにおちる	テストに落ちる	67		でんわがない	電話がない	43
てすとにごうかくする	テストに合格する	67		でんわがなる	電話が鳴る	43
てすとをうける	テストを受ける	67		でんわにでる	電話に出る	43
てすとをおこなう	テストを行う	67		でんわをかける	電話をかける	43
てすとをする	テストをする	67		でんわをきる	電話を切る	43
てぶくろをする	手袋をする	13		でんわをする	電話をする	43
てぶくろをとる	手袋を取る	13		でんわをとる	電話を取る	43
てぶくろをはずす	手袋をはずす	13	と	どあがあく	ドアが開く	33
てぶくろをはめる	手袋をはめる	13		どあがしまる	ドアが閉まる	33
てをあげる	手を上げる	179		どあをあける	ドアを開ける	33
てをたたく	手をたたく	179		どあをしめる	ドアを閉める	33
てをつなぐ	手をつなぐ	179		といれからでる	トイレから出る	37
てをにぎる	手を握る	179		といれにいく	トイレに行く	37
てをふる	手をふる	179		といれにはいる	トイレに入る	37
でんきがあかるい	電気が明るい	39		といれをかりる	トイレを借りる	37
てんきがいい	天気がいい	151		といれをでる	トイレを出る	37
てんきがかわる	天気が変わる	151		といれをながす	トイレを流す	37
でんきがきえる	電気が消える	39		とけいがうごく	時計が動く	41
でんきがきれる	電気が切れる	39		とけいがおくれる	時計が遅れる	41
でんきがくらい	電気が暗い	39		とけいがすすむ	時計が進む	41
でんきがくる	電気が来る	45		とけいがとまる	時計が止まる	41
でんきがつく	電気がつく	39		とけいがなる	時計が鳴る	41
でんきがとまる	電気が止まる	45		とけいをあわせる	時計を合わせる	41
てんきがわるい	天気が悪い	151		とけいをせっとする	時計をセットする	41
でんきをきる	電気を切る	39		どらむができる	ドラムができる	141
でんきをけす	電気を消す	39		どらむをえんそうする	ドラムを演奏する	141
でんきをつける	電気をつける	39		どらむをたたく	ドラムをたたく	141
でんしゃがおくれる	電車が遅れる	55	に	においがある	においがある	27
でんしゃがこむ	電車が混む	55		においがいい	においがいい	27
でんしゃがでる	電車が出る	55		においがする	においがする	27
でんしゃがとまる	電車が止まる	55		においがない	においがない	27
でんしゃがない	電車がない	55		においがわるい	においが悪い	27
でんしゃにのりおくれる	電車に乗り遅れる	55		においをかぐ	においをかぐ	27
でんしゃにまにあう	電車に間に合う	55	ね	ねくたいがまがる	ネクタイが曲がる	15

ねくたいをしめる	ネクタイをしめる	15
ねくたいをする	ネクタイをする	15
ねくたいをつける	ネクタイをつける	15
ねくたいをなおす	ネクタイを直す	15
ねくたいをはずす	ネクタイをはずす	15
ねくたいをむすぶ	ネクタイを結ぶ	15
ねだんがあがる	値段が上がる	83
ねだんがさがる	値段が下がる	83
ねだんがたかい	値段が高い	83
ねだんがやすい	値段が安い	83
ねつがあがる	熱が上がる	187
ねつがある	熱がある	187
ねつがさがる	熱が下がる	187
ねつがたかい	熱が高い	187
ねつがでる	熱が出る	187
ねつがない	熱がない	187
ねつがひくい	熱が低い	187
(いんたー)ねっとがおそい	(インター)ネットが遅い	97
(いんたー)ねっとがつながる	(インター)ネットがつながる	97
(いんたー)ねっとがはやい	(インター)ネットが速い	97
(いんたー)ねっとからだうんろーどする	(インター)ネットからダウンロードする	97
(いんたー)ねっとにあくせすする	(インター)ネットにアクセスする	97
(いんたー)ねっとにつながる	(インター)ネットにつながる	97
(いんたー)ねっとにつなぐ	(インター)ネットにつなぐ	97
(いんたー)ねっとをする	(インター)ネットをする	97
ねつをさげる	熱を下げる	187
ねつをはかる	熱を測る	187
の のーとをとじる	ノートを閉じる	65
のーとをとる	ノートを取る	65
のーとをひらく	ノートを開く	65
のーとをめくる	ノートをめくる	65
のどがかわく	のどがかわく	171
は ぱーてぃーにいく	パーティーに行く	129
ぱーてぃーにくる	パーティーに来る	129

ぱーてぃーにさそう	パーティーに誘う	129
ぱーてぃーにしゅっせきする	パーティーに出席する	129
ぱーてぃーにしょうたいする	パーティーに招待する	129
ぱーてぃーにでる	パーティーに出る	129
ぱーてぃーをする	パーティーをする	129
ぱーてぃーをひらく	パーティーを開く	129
ばいおりんができる	バイオリンができる	141
ばいおりんをえんそうする	バイオリンを演奏する	141
ばいおりんをひく	バイオリンを弾く	141
はがぬける	歯が抜ける	177
はがはえる	歯が生える	177
はげしいしあい	激しい試合	143
ぱそこんがおもい	パソコンが重い	91
ぱそこんがかたまる	パソコンが固まる	91
ぱそこんがかるい	パソコンが軽い	91
ぱそこんがふりーずする	パソコンがフリーズする	91
ぱそこんにろぐいんする	パソコンにログインする	91
ぱそこんをあける	パソコンを開ける	91
ぱそこんをうつ	パソコンを打つ	91
ぱそこんをきる	パソコンを切る	91
ぱそこんをしゃっとだうんする	パソコンをシャットダウンする	91
ぱそこんをたちあげる	パソコンを立ち上げる	91
ぱそこんをつける	パソコンをつける	91
ぱそこんをとじる	パソコンを閉じる	91
ぱそこんをひらく	パソコンを開く	91
はながつまる	鼻がつまる	175
はなをかむ	鼻をかむ	175
はにしみる	歯にしみる	177
はをぬく	歯を抜く	177
はをみがく	歯をみがく	177
ひ ぴあのができる	ピアノができる	141
ぴあのをえんそうする	ピアノを演奏する	141
ぴあのをひく	ピアノを弾く	141

ひがきえる	火が消える	29
ひがつく	火がつく	29
ひがつよい	火が強い	29
ひがよわい	火が弱い	29
ひからおろす	火からおろす	29
ひにかける	火にかける	29
ひにちがかわる	日にちが変わる	107
ひにちがきまる	日にちが決まる	107
ひにちがすぎる	日にちが過ぎる	107
ひにちをかえる	日にちを変える	107
ひにちをきめる	日にちを決める	107
ひをけす	火を消す	29
ひをつける	火をつける	29
ひをとめる	火を止める	29
ふ	ふぁいるがおおきい	ファイルが大きい	95
	ふぁいるがおもい	ファイルが重い	95
	ふぁいるがかるい	ファイルが軽い	95
	ふぁいるがこわれる	ファイルが壊れる	95
	ふぁいるがちいさい	ファイルが小さい	95
	ふぁいるをあける	ファイルを開ける	95
	ふぁいるをおくる	ファイルを送る	95
	ふぁいるをけす	ファイルを消す	95
	ふぁいるをだうんろーどする	ファイルをダウンロードする	95
	ふぁいるをてんぷする	ファイルを添付する	95
	ふぁいるをとじる	ファイルを閉じる	95
	ふぁいるをひらく	ファイルを開く	95
	ふぁいるをほぞんする	ファイルを保存する	95
	ふえができる	笛ができる	141
	ふえをえんそうする	笛を演奏する	141
	ふえをふく	笛を吹く	141
	ふくがおおきい	服が大きい	11
	ふくがきつい	服がきつい	11
	ふくがじみだ	服が地味だ	11
	ふくがにあう	服が似合う	11
	ふくがはでだ	服が派手だ	11
	ふくをかける	服をかける	11

ふくをきがえる	服を着替える	11
ふくをきる	服を着る	11
ふくをぬぐ	服を脱ぐ	11
ふるーとができる	フルートができる	141
ふるーとをえんそうする	フルートを演奏する	141
ふるーとをふく	フルートを吹く	141
ふろからでる	(お)風呂から出る	37
ふろがわく	(お)風呂がわく	37
ふろにはいる	(お)風呂に入る	37
ふろをでる	(お)風呂を出る	37
ふろをわかす	(お)風呂をわかす	37
へ	へやがおおきい	部屋が大きい	33
	へやがせまい	部屋が狭い	33
	へやがちいさい	部屋が小さい	33
	へやがひろい	部屋が広い	33
	へやをかたづける	部屋を片づける	33
	へやをかりる	部屋を借りる	33
ほ	ぼうしをかぶる	帽子をかぶる	13
	ぼうしをとる	帽子を取る	13
	ぼうしをぬぐ	帽子を脱ぐ	13
	ぼたんがとれる	ボタンが取れる	17
	ぼたんがはずれる	ボタンがはずれる	17
	ぼたんをかける	ボタンをかける	17
	ぼたんをとめる	ボタンを留める	17
	ぼたんをはずす	ボタンをはずす	17
	ぼたんをはめる	ボタンをはめる	17
	ほてるにちぇっくいんする	ホテルにチェックインする	145
	ほてるにとまる	ホテルに泊まる	145
	ほてるをおさえる	ホテルを押さえる	145
	ほてるをちぇっくあうとする	ホテルをチェックアウトする	145
	ほてるをとる	ホテルをとる	145
	ほてるをよやくする	ホテルを予約する	145
	ほんをひらく	本を開く	65
	ほんをめくる	本をめくる	65
み	みずがでる	水が出る	29
	みずがとまる	水が止まる	29

	みずをだす	水を出す	29		めがねをとる	めがねを取る	17
	みずをとめる	水を止める	29		めがねをはずす	めがねをはずす	17
	みずをながす	水を流す	29		めがみえる	目が見える	175
	みちがせまい	道が狭い	57		めがわるい	目が悪い	175
	みちがひろい	道が広い	57		めをあける	目を開ける	175
	みちがまがっている	道が曲がっている	57		めをとじる	目を閉じる	175
	みちがまっすぐだ	道がまっすぐだ	57		めをひらく	目を開く	175
	みちにまよう	道に迷う	57	も	もんだいがでる	問題が出る	67
	みちをおしえる	道を教える	57		もんだいをだす	問題を出す	67
	みちをきく	道を聞く	57		もんだいをやる	問題をやる	67
	みちをさがす	道を探す	57	や	やくそくがある	約束がある	115
	みちをとおる	道を通る	57		やくそくがない	約束がない	115
	みちをまちがえる	道を間違える	57		やくそくする	約束する	115
	みちをわたる	道を渡る	57		やくそくをまもる	約束を守る	115
	みのまわりのせわ	身の回りの世話	135		やくそくをやぶる	約束を破る	115
	みみがいい	耳がいい	175		やけどがおもい	やけどが重い	191
	みみがきこえる	耳が聞こえる	175		やけどがかるい	やけどが軽い	191
	みみがとおい	耳が遠い	175		やけどがなおる	やけどが治る	191
	みみがわるい	耳が悪い	175		やけどがひどい	やけどがひどい	191
め	めーるがくる	メールが来る	99		やけどをする	やけどをする	191
	めーるがとどく	メールが届く	99		やけどをなおす	やけどを治す	191
	めーるがひらく	メールが開く	99		やすみがあける	休みが明ける	117
	めーるがもどる	メールが戻る	99		やすみがある	休みがある	117
	めーるをうつ	メールを打つ	99		やすみがない	休みがない	117
	めーるをおくる	メールを送る	99		やすみになる	休みになる	117
	めーるをけす	メールを消す	99		やすみにはいる	休みに入る	117
	めーるをする	メールをする	99		やすみをすごす	休みを過ごす	117
	めーるをだす	メールを出す	99		やすみをとる	休みを取る	117
	めーるをちぇっくする	メールをチェックする	99		やすみをもらう	休みをもらう	117
	めーるをひらく	メールを開く	99	ゆ	ゆがあつい	(お)湯が熱い	25
	めいわくがかかる	迷惑がかかる	135		ゆがさめる	(お)湯が冷める	25
	めいわくになる	迷惑になる	135		ゆがぬるい	(お)湯がぬるい	25
	めいわくをかける	迷惑をかける	135		ゆがわく	(お)湯がわく	25
	めがいい	目がいい	175		ゆきがおおい	雪が多い	155
	めがさめる	目が覚める	175		ゆきがすくない	雪が少ない	155
	めがねがくもる	めがねが曇る	17		ゆきがつもる	雪が積もる	155
	めがねをかける	めがねをかける	17		ゆきがとける	雪が解ける	155
	めがねをする	めがねをする	17		ゆきがのこる	雪が残る	155
					ゆきがふかい	雪が深い	155

	ゆきがふる	雪が降る	155		るーるができる	ルールができる	53
	ゆきがやむ	雪がやむ	155		るーるがない	ルールがない	53
	ゆきをかく	雪をかく	155		るーるをまもる	ルールを守る	53
	ゆびわがはまる	指輪がはまる	15		るーるをやぶる	ルールを破る	53
	ゆびわをする	指輪をする	15	れ	れんらくがある	連絡がある	103
	ゆびわをつける	指輪をつける	15		れんらくがくる	連絡が来る	103
	ゆびわをはずす	指輪をはずす	15		れんらくがつく	連絡がつく	103
	ゆびわをはめる	指輪をはめる	15		れんらくがない	連絡がない	103
	ゆびをさす	指を差す	179		れんらくをうける	連絡を受ける	103
	ゆびをのばす	指を伸ばす	179		れんらくをする	連絡をする	103
	ゆびをまげる	指を曲げる	179		れんらくをとる	連絡を取る	103
	ゆをさます	(お)湯を冷ます	25				
	ゆをわかす	(お)湯をわかす	25				
よ	ようじがある	用事がある	111				
	ようじができる	用事ができる	111				
	ようじがない	用事がない	111				
	ようじがはいる	用事が入る	111				
	ようじをすませる	用事を済ませる	111				
	よていがある	予定がある	111				
	よていがおくれる	予定が遅れる	109				
	よていがかわる	予定が変わる	109				
	よていがきまる	予定が決まる	109				
	よていがない	予定がない	111				
	よていがはいる	予定が入る	111				
	よていをいれる	予定を入れる	111				
	よていをかえる	予定を変える	109				
	よていをきめる	予定を決める	109				
	よていをきゃんせるする	予定をキャンセルする	111				
	よていをくむ	予定を組む	109				
	よていをたてる	予定を立てる	109				
	よやくをいれる	予約を入れる	115				
	よやくをきゃんせるする	予約をキャンセルする	115				
	よやくをする	予約をする	115				
り	りょこうにでかける	旅行に出かける	145				
	りょこうにでる	旅行に出る	145				
	りょこうをする	旅行をする	145				
る	るーるがある	ルールがある	53				
	るーるがきびしい	ルールが厳しい	53				

확인문제 정답

❶ 衣 의

1 ①着る ②はく
　③はく ④かぶる

2 手袋　めがね　指輪　アクセサリー
　ネクタイ　化粧

3 ①しめる、結ぶ、直す、はずす
　②はめる、留める、かける、はずす
　③直す、落とす
　④差す、開く、閉じる

4 ①はめる ⇔ 取る、はずす
　②かける ⇔ 取る、はずす
　③つける、はめる ⇔ はずす
　④つける ⇔ はずす

5 ①派手な ②ぶかぶか
　③きつい ④濃い ⑤くずれた

6 ①かけた ②取れた ③脱げて
　④○ ⑤落ちて

7 ①にあわ(似合わ) ②きつかっ
　③かけよ ④はずれて

8 ①1 ②3 ③4

❷ 食 식

1 ①消える ②つく
　③出す ④わく ⑤冷ます

2 ①作る ②とる
　③つぐ ④出す

3 ①濃い、薄い ②ぬるい
　③強い、弱い
　④いい、悪い、濃い、薄い、ない
　⑤いい、悪い、ない

4 ①が、ある ②が、する
　③を、かぐ ④が、する
　⑤を、つける

5 ①する ②かけ ③み
　④とめ(止め) ⑤おろし

6 ①4 ②a) 1　b) 2

❸ 住 주

1 ①開く ②閉まる ③つく
　④消える ⑤かける
　⑥かかる ⑦わかす ⑧止まる

2 ①上がる、上る ⇔ 下りる
　②入れる、かける、つける
　　⇔ 切る、消す、止める
　③入れる ⇔ 切る
　④出す ⇔ 止める
　⑤閉める、かける ⇔ 開ける

3 ①トイレを出す
　②電気が出る、電気がもれる
　③ガスが開く ④ごみをつなぐ

4 ①した ②取った
　③出た ④切れた

5 ①遅れている ②入りたい
　③借りた ④効かない

6 ①あっ ②きっ(切っ)
　③あわせ(合わせ) ④セットし
　⑤なっ(鳴っ)

7 ①1 ②4 ③2

❹ 交通 교통

1 ①破る ②ある
　③広い ④まっすぐだ

2 タクシー、電車、自動車

3 ①探す、通る ②止める、こぐ、押す
　③遅れる、混む ④呼ぶ、運転する

4 ①○ ②出て
　③教えて ④狭くて
5 ①厳しくて ②迷って
　③ひかれて ④またがる
6 ①のりおくれ(乗り遅れ)
　②ひろっ(拾っ) ③こい
　④まちがえ(間違え) ⑤きき(聞き)
7 ①1 ②1 ③4

5 学校 학교

1 ①に、はいる(入る) ②に、すすむ(進む)
　③に、かよう(通う) ④を、でる(出る)
　⑤を、やめる ⑥に、でる(出る)
　⑦を、やすむ(休む)
　⑧に、うかる(受かる)
2 ①授業、試験 ②授業、試験
　③宿題、問題、成績
　④宿題、問題 ⑤成績
3 ①取った ②出た
　③上がった ④伸びて
4 ①あった ②出た ③サボった
　④取った ⑤閉じた ⑥なかった
5 ①ある ②で(出)
　③ひらい(開い) ④めくり
　⑤つく ⑥だす(出す)
6 ①3 ②4 ③1

6 仕事 일

1 ①低い／安い ②少ない ③下がる
2 ①仕事、が ②会社、に
　③会社、で ④仕事・会社、を
　⑤仕事・会社、を
3 ①している ②ある ③入る
　④もらっている ⑤働いている

4 ①入った ②つく
　③変えた ④リストラされて
　⑤休める
5 ①で(出) ②つとめ(勤め)
　③つぶれ ④なかっ
　⑤きまっ(決まっ) ⑥いい
　⑦あがっ(上がっ)
6 ①a) 1　b) 4 ②3

7 お金・買い物 돈・쇼핑

1 お金、おつり、貯金
2 ①おつり ②お金
　③値段 ④貯金
3 ①が、下がる ②が、減る
　③を、返す
　④a.に／から　b.に、貸す
　⑤a.に、渡す　b.から
4 ①たまった ②少なく ③出して
　④かけて ⑤換えた
5 ①たり(足り) ②つかっ(使っ)
　③はらう(払う) ④たかかっ(高かっ)
6 ①1 ②2 ③3

8 情報・通信 정보・통신

1 ①つける ②閉じる
　③小さい ④遅い
2 メール、インターネット、連絡
3 データ、ファイル
4 ①データ、ファイル、パソコン
　②ファイル、メール、データ
　③つなぐ、つながる、アクセスする
　④閉じる、立ち上げる
　⑤出す、打つ、チェックする
　⑥ある、来る、つく

5　①壊れて　②○
　　③遅くて／重くて　④かけて
　　⑤大きくて／重くて

6　①打つ　②消えて
　　③つながらない　④受けた
　　⑤シャットダウンして

7　①おくっ(送っ)　②ひらい(開い)
　　③とどい(届い)　④もどっ(戻っ)
　　⑤かけ　⑥つながら

8　①2　②4　③3

9 スケジュール 스케줄

1　①破る　②遅れる
　　③早める　④悪い

2　予定、休み、時間、約束、用事

3　①取る、もらう、過ごす
　　②立てる、組む
　　③経つ、余る、延びる、来る、足りる
　　④来る、過ぎる、早い
　　⑤決まる、変わる

4　①変わる　②かかる
　　③入れる　④延びる
　　⑤決まる　⑥つける

5　①進めなければ　②早まった
　　③○　④入った

6　①入れた　②過ぎて
　　③遅れて　④済ませて

7　①し／してい　②なっ
　　③きゅうな(急な)　④でき
　　⑤まちがえ(間違え)　⑥かえ(変え)

8　①1　②2　③4

10 人・交際 사람・교제

1　世話、お祝い、お見舞い、おわび、
　　お礼、パーティー

2　お祝い、お見舞い、お礼

3　①作る　②誘う、来る、行く、出る
　　③言う、贈る　④渡す、送る、言う

4　①来て　②開く／する
　　③かけて　④なる　⑤○

5　①身の回り　②品
　　③行った　④かかる
　　⑤招待した

6　①しゅっせきする(出席する)
　　②しな(品)　③かけ
　　④つい　⑤ばれ　⑥ふられ

7　①4　②3　③1

11 趣味・スポーツ 취미・스포츠

1　ピアノ、バイオリン、ギター

2　①ピアノ、ギター、バイオリン
　　②フルート　③ドラム

3　①負ける、出る
　　②チェックインする、
　　　チェックアウトする、予約する
　　③ある、できる、多い
　　④流す　⑤わく

4　①かけて　②出して
　　③泊まって　④○　⑤売れて、○

5　①激しい　②できる
　　③押さえた　④持って　⑤出て

6　①ながれ(流れ)　②かけ
　　③ひい(弾い)　④でき
　　⑤つよい(強い)　⑥ある

7　①3　②2　③3

12 天気 날씨

1　①暗い　②強い
　　③薄い　④近い

2　雨、風、雪、雷

3　①光る、鳴る　　②晴れる、曇る
　　③かく　　　　　④かかる、晴れる
4　①広がって　　　②落ちて
　　③〇　　　　　　④積もって
5　①濡れて　　　　②悪い
　　③弱い　　　　　④深い
6　①残っ　　　　　②少なく
　　③多く　　　　　④かかっ
7　①いい　　　　　②で(出)
　　③ふり(降り)　　④つよく(強く)
　　⑤やん　　　　　⑥かわり(変わり)
8　①2　　②1　　③4

⑬ 自然・災害 자연·재해

1　①ない　　　　　②低い
　　③小さい　　　　④弱い
2　津波、地震、台風
3　①来る、上陸する、過ぎる　　②強い
　　③起きる、引く、大きい
　　④守る、壊す、破壊する
4　①汚して　　　　②おさまる
　　③目　　④〇　　⑤起きた
5　①少なく　　　　②弱い
　　③近づいて　　　④残って　　⑤引いた
6　①ゆたかな(豊かな)
　　②おき(起き)／おきてい(起きてい)
　　③つよかっ(強かっ)　④たかい(高い)
　　⑤おさまる　　　⑥ない
7　①1　　②2　　③3

⑭ 体 몸

1　①目、耳、悪い　　②足、遅い
　　③目、口、閉じる　④腕、脚、伸ばす

2　①髪、歯、が　　②髪、歯、が
　　③肩、腕、脚、を　④頭、首、手、を
3　①つないだ　　　②たたいた
　　③握った　　　　④届いた　　⑤上げた
4　①かわいた　　　②いっぱいで
　　③聞こえない　　④つまって
　　⑤押さえる
5　①差す　　　　　②しみる
　　③かんだら　　　④しびれた
6　①曲がらない／曲げられない
　　②伸ばして
　　③〇　　④抜いた　　⑤見える
7　①とかし　　　　②きっ(切っ)
　　③そめ(染め)　　④こっ　　⑤たたい
8　①3　　②2　　③3

⑮ 病気・健康 병·건강

1　①せき、けが、やけど
　　②熱、せき、血
　　③せき、血
　　④かぜ、けが、傷、やけど
2　①熱、低い
　　②かぜ、せき、やけど、軽い
　　③傷、深い　　④薬、弱い
3　①飲んだ　　　　②通って
　　③上がった　　　④できた
4　①効く　　　　　②はやって
　　③流れた　　　　④重かった
5　①〇　　　　　　②下げる
　　③治したい　　　④残って
6　①はかる(測る)　②あっ
　　③よん(呼ん)　　④み(見)　　⑤し
7　①a) 2　b) 4　②3

참고 문헌

安藤栄里子、恵谷容子、阿部比呂子、飯嶋 美知子（2014）『どんなときどう使う日本語語彙学習辞典』アルク

飯嶋美知子（監修・著）山田京、吉田雅子、藤野安紀子（2017）『日本語能力試験直前対策 N5　もじ・ごい・ぶんぽう』国書刊行会

飯嶋美知子（監修・著）山田京、吉田雅子、藤野安紀子（2018）『日本語能力試験直前対策 N4　文字・語彙・文法』国書刊行会

押尾和美、秋元美晴（2008）「新しい日本語能力試験のための語彙表・漢字表作成中間報告―新語彙表 ver.3 の完成まで（特集 語彙の研究と教育）」『日本語学』27（10）、36-49 頁

押尾和美、秋元美晴、武田明子、阿部洋子、高梨美穂、柳澤好昭、岩元隆一、石毛順子（2008）「新しい日本語能力試験のための語彙表作成に向けて」『国際交流基金日本語教育紀要』第 4 号、71-86 頁

国際交流基金（2002）『日本語能力試験 出題基準〔改訂版〕』凡人社

国際交流基金（2009）『新しい「日本語能力試験」ガイドブック概要版と問題例集 N4,N5 編』凡人社

国際交流基金（2012）『日本語能力試験 公式問題集 N5・N4』凡人社

国際交流基金（2018）『日本語能力試験 公式問題集 第二集 N5・N4・N3』凡人社

徳弘康代（2014）『日本語学習のためのよく使う順漢字 2200』三省堂

참고 교재

『初級日本語　げんき』Ⅰ・Ⅱ　ジャパンタイムズ

『できる日本語』初級、初中級　アルク

『日本語初級　大地』1・2　スリーエーネットワーク

『まるごと　日本のことばと文化』初級 1・2、初中級　国際交流基金

『みんなの日本語　初級 第 2 版』Ⅰ・Ⅱ　スリーエーネットワーク

참고 사이트

「日本語読解学習支援システム　リーディング チュウ太」http://language.tiu.ac.jp/

「Nihongo-Pro」https://www.nihongo-pro.com/jp/

「現代日本語書き言葉均衡コーパス」https://shonagon.ninjal.ac.jp/

「NINJAL-LWP for TWC」http://nlt.tsukuba.lagoinst.info/search/

저자 소개

◆ 恵谷容子（えや ようこ）
와세다대학 일본어교육연구센터 비상근 강사

저서
『どんなときどう使う　日本語語彙学習辞典』（共著、アルク）、『耳から覚える　日本語能力試験　語彙トレーニングN1』『同　N2』『同　N3』（以上共著、アルク）

◆ 飯嶋美知子（いいじま みちこ）
홋카이도정보대학 정보미디어학부 준교수

저서
『日本語能力試験　直前対策　N4文字・語彙・文法』『同　N5もじ・ごい・ぶんぽう』、『使う順と連想マップで学ぶ漢字＆語彙　日本語能力試験N1』『同　N4・N5』（以上監修・著、国書刊行会）、『語彙マップで覚える漢字と語彙　中級1500』（共著、Jリサーチ出版）など。

- 번역 : 최민경
- 일러스트 : 須山奈津希

= MEMO =

초판 인쇄	2025년 10월 14일
초판 발행	2025년 10월 27일
저자	惠谷容子, 飯嶋美知子
편집	조은형, 김성은, 오은정, 무라야마 토시오
펴낸이	엄태상
디자인	권진희, 이건화
조판	이서영
콘텐츠 제작	김선웅, 이다빈, 조현준, 윤여명, 장형진
마케팅	이승욱, 노원준, 조성민, 이선민, 김동우
경영기획	조성근, 최성훈, 김로은, 최수진, 오희연
물류	정종진, 윤덕현, 신승진, 구윤주
펴낸곳	시사일본어사(시사북스)
주소	서울시 종로구 자하문로 300 시사빌딩
주문 및 교재 문의	1588-1582
팩스	0502-989-9592
홈페이지	www.sisabooks.com
이메일	book_japanese@sisadream.com
등록일자	1977년 12월 24일
등록번호	제 300-2014-92호

© 2020 Yoko Eya, Michiko Iijima Printed in Japan
Originally published in 2020 by KUROSIO PUBLISHERS, Tokyo Japan

ISBN 978-89-402-9454-3 (13730)

* 이 책의 내용을 사전 허가 없이 전재하거나 복제할 경우 법적인 제재를 받게 됨을 알려 드립니다.
* 잘못된 책은 구입하신 서점에서 교환해 드립니다.
* 정가는 표지에 표시되어 있습니다.